会计学论丛

会计信息失真的分类治理
从会计域秩序到会计规则

Governance to Categorized Accounting Information Distortion

From Accounting Order to Accounting Rules

吴联生 著

北京大学出版社
PEKING UNIVERSITY PRESS

图书在版编目(CIP)数据

会计信息失真的分类治理. 从会计域秩序到会计规则/吴联生著. —北京:北京大学出版社,2005.1

(会计学论丛)

ISBN 7－301－08374－2

Ⅰ.会… Ⅱ.吴… Ⅲ.会计制度－研究 Ⅳ.F233

中国版本图书馆 CIP 数据核字(2004)第 126042 号

书　　　名：会计信息失真的分类治理——从会计域秩序到会计规则
著作责任者：吴联生　著
责 任 编 辑：张慧卉
标 准 书 号：ISBN 7-301-08374－2/F·1001
出 版 发 行：北京大学出版社
地　　　址：北京市海淀区中关村北京大学校内　100871
网　　　址：http://cbs.pku.edu.cn　电子信箱：em@pup.pku.edu.cn
电　　　话：邮购部 62752015　发行部 62750672　编辑部 62752926
排　版　者：北京高新特打字服务社　51736661
印　刷　者：三河新世纪印务有限公司
经　销　者：新华书店
　　　　　650 毫米×980 毫米　16 开本　10.25 印张　170 千字
　　　　　2005 年 1 月第 1 版　2006 年 4 月第 2 次印刷
定　　　价：22.00 元

未经许可,不得以任何方式复制或抄袭本书之部分或全部内容。
版权所有,侵权必究　举报电话：010-62752024
　　　　　　　　　　电子信箱：fd@pup.pku.edu.cn

内 容 简 介

本书从会计信息生产过程着手,提出会计信息失真的"三分法",将会计信息失真区分为会计信息规则性失真、会计信息违规性失真和会计信息行为性失真。同时,本书借助经济学和社会学的基本理论和方法,提出"会计域秩序"的概念,并以此为起点对会计规则的制定和执行过程中的会计信息失真进行研究,认为由于知识的相对性和理性的有限性,会计规则与会计域秩序之间必定存在差异,而正是这种差异导致了会计信息规则性失真;而由于信息不对称和人类有限性,会计规则可能不能得到完全的执行,从而导致会计信息违规性失真和行为性失真。研究会计信息失真问题,本书所采用的基本思路是从会计域秩序到会计规则。这种全新的研究思路是本书最大的特色所在,也是对现代会计理论研究的一种拓展与尝试。

作 者 简 介

吴联生,男,管理学(会计学)博士,工商管理博士后,现为北京大学光华管理学院会计系副主任、副教授;目前主要研究会计规则与会计行为、审计安排与审计市场以及财务行为与资本市场等;1996年以来,已在《经济研究》、《管理世界》、《会计研究》、《审计研究》等国内权威期刊以及国际期刊上发表论文50余篇,出版专著1部,主持国家社会科学基金项目1项,主持国家自然科学基金项目2项,主持教育部人文社会科学"十五"规划项目1项;博士学位论文被评为湖北省第三届优秀博士学位论文,"企业会计信息违法性失真的责任合约安排"获中国会计学会中国中青年财务成本研究会第四届"天健杯"优秀科研成果论文类特等奖;在教学方面,获北京大学2002—2003年度教学优秀奖,获北京大学2003年度树仁奖教金。

前　言

　　会计信息失真是一个国际性、历史性的问题,它一直以来是世界会计学界研究的重点课题,也是世界各国政府部门着力解决的重大问题。然而,时至今日,各种各样的会计信息失真事件仍然困扰着世界各国。1998年,笔者开始关注会计信息失真问题,并逐步展开研究,取得了一定的阶段性成果;2002年,我们非常荣幸地获得国家自然科学基金委员会的立项批准,将"会计信息失真的分类治理模式及其实施研究"作为国家自然科学基金资助的一项课题。自此开始,我们在已有研究成果的基础上,对会计信息失真问题进行更为投入、更为系统的研究,并最终形成这份研究成果《会计信息失真的分类治理——从会计域秩序到会计规则》。由于我们研究时间和研究能力的局限,有些部分的研究可能不够严密,甚至得出不恰当的结论,敬请各位专家和朋友批评指正。

　　实际上,会计学界已对会计信息失真问题进行了多方面的研究,但至今仍然没有取得实质性的进展。我们认为,其中一个重要原因在于没有将会计信息失真进行恰当的分类,从而无法采取相应的措施分别予以治理。在本项目的研究中,我们从会计信息生产过程着手,根据会计信息失真产生的原因不同,提出会计信息失真的"三分法",将会计信息失真区分为会计信息规则性失真、会计信息违规性失真和会计信息行为性失真。会计信息规则性失真是指会计规则本身所导致的会计信息失真,而会计信息违规性失真和会计信息行为性失真指的是由会计规则执行者的执行会计规则的行为所导致的会计信息失真,它与会计规则本身无关。其中,会计信息违规性失真指的是会计规则执行者故意违背会计规则而导致的会计信息失真;而会计信息行为性失真则指的是会计规则执行者在并没有故意违背会计规则动机的条件下而采用的不当会计规则执行行为所导致的会计信息失真。为更好地研究这三类不同的会计信息失真,我们借助经济学和社会学的基本理论和方法,提出"会计域秩序"的概念,并以此为起点对会计规则的制定和执行过程中的会计信息失真进行研究,认为由于知识的相对性和理性的有限性,会计规则与会计域秩序之间必定存在差异,而正是这种差异导致了会计信息规则性失真;而由于信息不对称和人类有限性,会计规则可能不能得到完全的执行，从而导致会计信息违规性失真和行为性失真。这种创新的研究思路即为副标题所谓的"从会计域秩序到会计规则"。

全文共分四章，每章基本研究思路如下：

第一章"会计信息价值与会计信息失真结构"，首先从社会公众合作投资的角度分析社会公众对会计信息的需求，然后给出会计信息具有价值的经验证据，在此基础上，将研究重点转向会计信息失真的结构问题，提出会计信息失真的"三分法"，即将会计信息失真区分为会计信息规则性失真、违规性失真和行为性失真，并分析它们之间的关系。

第二章"会计域秩序与会计信息规则性失真"，首先在评述制度理论的基础上提出"会计域秩序"的概念，并明确会计域秩序和会计规则之间的关系；而后，研究会计信息真实性的动态过程，并探求会计信息规则性失真的决定因素；最后结合我国会计规则的制定来研究我国治理会计信息规则性失真的措施与方案。

第三章"信息不对称与会计信息违规性失真"，首先从企业理论的角度对会计信息违规性失真的客观存在进行理论分析，然后给出会计信息违规性失真的证据并对我国会计信息违规性失真的现状进行分析，最后结合我国的具体情况，详细讨论会计信息违规性失真的治理措施，包括会计信息违规性失真的责任安排、有效会计监管实施的策略、政府审计质量保持机制与注册会计师审计质量保持机制等。

第四章"人类有限性与会计信息行为性失真"，首先从人类有限性的角度对会计信息行为性失真的客观存在进行理论分析，而后分别从个体层面和群体层面对会计信息行为失真进行分析，其中，个体的会计信息行为性失真又分别从过失性和非过失性（包括智力性和非智力性）的角度进行分析，并分别给出了相应的证据与治理措施，最后给出了我国会计信息行为失真的治理方案。

本课题的研究成果虽然已形成专著，但这并不意味着这项研究的结束，而只是意味着"会计信息失真的分类治理模式及其实施研究"这项国家自然科学基金项目的结束，而它本身则是我们继续研究会计信息失真问题乃至研究其他会计审计问题的一个起点。

吴联生
2004 年 12 月于北京大学光华管理学院

目录

第一章　会计信息价值与会计信息失真结构　/1
一、合作投资与会计信息需求　/3
二、会计信息的价值：经验证据　/8
三、会计信息失真"三分法"的提出　/11
四、小结　/13

第二章　会计域秩序与会计信息规则性失真　/15
一、会计规则和会计域秩序的关系：博弈制度论视角　/17
二、会计域秩序和会计信息真实性的动态过程　/22
三、会计信息规则性失真的客观存在：知识的相对性与理性的有限性　/26
四、会计信息规则性失真的证据及我国现状分析　/29
五、提高会计规则质量：美国经验分析及其对我国的启示　/35
六、我国会计信息规则性失真的治理方案　/40
七、小结　/43

第三章　信息不对称与会计信息违规性失真　/47
一、会计信息违规性失真客观存在的理论分析　/49
二、会计信息违规性失真的证据及我国现状分析　/52
三、会计信息违规性失真的责任安排　/58
四、有效会计监管实施的策略　/64
五、政府审计质量的保持机制　/70
六、注册会计师审计质量的保持机制　/83
七、我国会计信息违规性失真的治理方案　/95
八、小结　/97

第四章　人类有限性与会计信息行为性失真　/103
一、会计信息行为性失真客观存在的理论分析　/105
二、会计信息行为性失真：基本证据与再分类　/107

三、个体性的过失性失真:疏忽大意与过于自信 /110
四、个体性的非过失性失真:智力因素视角 /116
五、个体性的非过失性失真:非智力因素视角 /120
六、群体性的会计信息行为性失真及其治理措施 /124
七、我国会计信息行为性失真的治理方案 /132
八、小结 /133

附录1 社会公众参与和会计规则质量
——访北京大学光华管理学院副教授
吴联生博士 采写/张 平 /137

附录2 利益协调与审计制度安排 /143
一、问题的提出:审计"受托责任论"评价 /145
二、审计制度安排的利益协调过程 /147
三、"利益协调论"对现行审计制度安排的总体解释 /150
四、简要结论 /155

第一章
会计信息价值与会计信息失真结构

研究会计信息失真问题之所以有价值,其根本前提在于会计信息具有价值。本章首先从社会公众合作投资的角度分析社会公众对会计信息的需求,而后给出会计信息具有价值的经验证据,在此基础上,将研究重点转向会计信息失真的结构问题,提出会计信息失真的"三分法",即将会计信息失真区分为会计信息规则性失真、违规性失真和行为性失真,并分析它们之间的关系。

一、合作投资与会计信息需求

众所周知,资源是稀缺的,而社会公众则是有多种需求的[①],这种资源与需求之间的矛盾,决定人们必定追求利益。从满足每一个社会公众基本需求的角度来看,社会公众首先会追求财富绝对量的增长。一定数量的财富是满足社会公众基本需求的前提,实际上,只有在社会公众积累了一定的绝对财富量来满足他们的基本需求之后,人们才会开始追求更高层次需求的满足,而这种需求的满足则是通过相对财富比重的增加而得以实现的。对任何一个人来说,他总是处于一个社会的相对位置上,而人最重要的特征就在于他的社会相对位置可以通过自身努力而发生变化(唐寿宁,1998a)。从这个意义上看,个人拥有的财富总是只具有相对的意义,因为个人福利并不是依赖于个人财富绝对量的增长,而是取决于其财富在社会总财富中所占有的比重(唐寿宁,1998a,1998b)。当然,社会公众追求财富绝对量的增长,其最终目的也是为了提高或者不降低其财富在社会总财富中的比重,可以说,追求财富绝对量的增长是实现财富相对比重增加的重要途径。为了达到绝对财富量的增长和相对财富比重的增加之目的,社会公众惟一能够采取的措施,就是将他们自己所拥有的资源[②]对外进行投资。企业是社会公众发生投资行为的结果,而社会公众的投资行为则是企业产生与发展的根本前提。显然,企业的经营成果如何,直接影响到对该企业进行投资的社会公众的利益,因此,对该企业进行投资的社会公众就成为该企业的利益相关者。之所以合作投资是利益相关者追求利益的惟

---

① 因此,经济学关心人们如何用稀缺的资源满足其多种需求以及人们努力发现和试验有用知识以克服稀缺性的方式。

② 需要注意的是,这里的"资源"不仅包括实务资源、财务资源、人力资源,还包括公共资源和关系资源等。

一有效行为,其原因一方面在于企业可以降低成本,另一方面则在于企业能够把不同的资源整合在一起,从而产生报酬递增效应。① 从这个角度来看,企业仅仅是利益相关者合作投资的一个项目而已。

企业是社会公众合作投资的一个具体项目,它是股东、管理者、职工、债权人、供货商、购货商以及社会公众等利益相关者参与的一系列契约的联结。② 实际上,利益相关者在发生投资行为过程中的合作,是一个相当复杂的过程。但是,合作若要取得成功,其基本前提就是需要对利益相关者所投入的不同资源和利益相关者所享有的收益进行计量。一般来说,股东和债权人投资的是他们所拥有的财务资源③,经营者和生产者所投资的是人力资源,生产者和消费者投资的则是关系资源,而空气、水源等公共资源则是全体社会公众所投资的资源。对这些不同的资源进行计量是会计的历史功能,会计从产生之日起,便具有了计量资源的功能,如作为会计历史起点的简单刻记和直观绘图记事(郭道扬,1999:10),就是最为古老最为简单的资源计量方式,而会计经历了实物计量单位占主导地位的阶段、实物量度与货币量度兼用阶段、以货币为主要计量单位阶段、以货币为统一量度阶段(郭道扬,1984:22—26)等不同的历史发展阶段,从一方面反映了资源计量的历史发展。④ 利益相关者绝对财富和相对财富的增长,其根本途径就在于从投资中获取报酬,而且这种报酬越多越好。投资合作到底实现了多少收益,各成员又能得到多少收益,都需要依靠会计对收益进行计

---

① 科斯(Coase,1937)把企业建立在企业和市场运行成本的差异基础之上,而阿尔钦和德姆塞茨(Alchian and Demsetz,1972)以及詹森和麦克林(Jensen and Meckling,1976)则从监督的角度解决企业运行成本的降低问题。他们共同关心并着重研究的是企业成本的节约问题,而没有论述企业报酬递增问题。迪म奇(1999)在批评交易成本经济学时曾指出:它可能只是半边理论,因为从资源配置而产生的任何效益都从分析中被省略掉了。同样,企业理论只关心企业运行成本的节约而不关注收益的增加,是企业理论的一大缺陷。实际上,企业的报酬递增规律早已为经济学家们所认识。早在1776年,亚当·斯密(1997)在《国民财富的性质和原因的性质》的论著中就认为企业是分工的产物,而分工是生产率进步的源泉,作者以缝衣针工厂为例子详细地说明了这一点;而后,在亚当·斯密的分工论之基础上,马歇尔(1991)把机能的再分之增加称为"微分法",比如分工、专门技能、知识等形式,工业有机体的各部分之间关系的密切性和稳固性的增加则为"积分法",即交通、通信、金融业等的形成和发展,甚至习惯的增加也是其后果之一。马歇尔(1991)从两方面来看组织的演进,一方面组织内部的分工越来越细,而组织间的关系越来越密切,同时,他明确指出人类所起的作用则表现为报酬递增的倾向。

② 契约不仅包括"明确契约"(explicit contract),还包括"隐含契约"(implicit contract),参见Zingales(2000)。

③ 股东和债权人虽然都拥有财务资源,但是他们在投资行为中选择了不同的角色,其原因就在于他们在风险偏好、拥有的资源以及对未来预期等方面存在差异。

④ 反映资源计量历史发展的另一方面则表现在计量属性的变迁上。

量。因此,会计信息是社会公众进行合作投资过程中所必须拥有的信息,企业利益相关者对会计信息的需求,是企业契约的重要内容与重要特征之一。

利益相关者之所以对会计信息有需求,其根本原因在于会计信息固有的本质属性,它决定会计信息能够满足利益相关者对企业价值及其变动的了解。会计信息是否真的反映了企业价值及其变动,如果是,会计信息又是如何反映企业价值及其变动呢?

现行会计信息主要是借助资产负债表、损益表与现金流量表及其附注向使用者传递的。① 资产负债表不仅反映了企业在某一时点所拥有的经济资源及其相应的要求权,从总体上体现了企业规模以及企业剩余的分配,并且反映了经济资源与企业要求权的内部结构,具体体现了经济资源的盈利性和流动性以及财务上的安全性,其中,所有者权益(资产减去负债)直接从一个角度反映了企业的价值,当然这种价值可能与企业的市场价值存在偏差,它主要是由两方面的原因所造成的:(1) 现行会计采用历史成本,因而资产负债表中的所有者权益也是基于历史成本计价原则之上的,可能与市场价值有一定的出入②;(2) 现行会计采用货币单位进行计量,而将目前无法或不便用货币单位进行计量的企业经济资源都拒绝于资产负债表之外,导致企业价值低估③;损益表则反映了企业在一定时间内的经营绩效,它是企业经济资源盈利能力在这段时间内的具体体现,也是企业价值发生变化的根源所在;现金流量表则反映企业在一定时间内的现金流动状况,包括经营活动、投资活动和筹资活动等产生现金流量的能力及其结果,它是企业在经济上有无活力、在财务上有无弹性,在未来发展上有无后劲的重要标志。资产负债表、损益表与现金流量表主要通过可以用

---

① 应该说,资产负债表、损益表和现金流量表只是会计报告的重要组成部分。按照现行通行会计规范,会计报告的内容除这三个表外还有附表等。随着会计环境的变化,会计报告的内容也是不断发展变化的。笔者针对我国投资者对上市公司会计信息的需求,认为我国上市公司会计报告应该由主要指标、财务报表、报表附注、附表及管理部门对会计信息的分析等五大部分组成,具体内容参见吴联生(2001b:166—196)。

② 这并不意味着历史成本原则应该被现值计价原则取代,历史成本原则有着现值计价原则所不具有的可验证性特征。未来的会计应该是以历史成本计量为主,其他计量属性为辅的发展态势。参见吴联生(1998a,2000a)。

③ 货币单位是会计计量的重要单位,但不是惟一的单位。从会计计量单位的历史发展来看,会计计量经历了实物计量单位占主导地位的阶段、实物量度与货币量度兼用阶段、以货币为主要计量单位阶段、以货币为统一度量阶段的过程(郭道扬,1984:250—272)。未来的会计计量应该是以货币单位为主,非货币计量单位为重要补充的发展态势(吴联生,1998a;吴联生,2000a)。

货币进行计量的会计信息来体现企业价值及其变动,而目前尚无法进行货币计量的会计信息,则通过附注的形式来反映企业的价值及其变动。结合资产负债表、损益表和现金流量表及附注,使用者还可以计算出反映企业短期偿债能力、长期偿债能力、股利支付能力、盈利能力、营运能力、投资价值和向外融资需求的比率。显然,这些指标是对会计信息的深层次分析和运用,它们对企业价值的反映更为直接与具体。

会计信息以企业的经济资源及其相应的要求权为中心,从企业的财务状况、经营成果、现金流动和未来发展等多角度反映企业的价值。这在一定程度上可以说明,企业价值及其变动可以通过会计信息得到反映。然而,运用数量巨大的会计信息对企业的价值进行确定是很困难的,即使运用经过计算得出的反映企业短期偿债能力、长期偿债能力、股利支付能力、盈利能力、营运能力、投资价值和向外融资需求等方面的比率来确定企业价值,对于任何会计专家来说也并非是一件容易的事,更何况诸多会计信息使用者并不是会计专家。这种困难的主要原因在于企业价值是由各方面因素共同作用的结果,而且对于不同的企业,各方面因素对企业价值的影响程度可能各不相同。虽然运用会计信息评价企业价值存在着相当大的难度,但是如何合理评价企业价值对于绝大多数会计信息使用者来说仍是极为重要的。① 因此,许多学者从多个角度对企业价值评价进行研究并建立企业价值计量模型,以代替企业价值的会计信息分析模式。在现代财务与会计理论中,与公司价值有关的理论主要有以下三个②:

(1) MM 理论中的公司价值计量模型。③ MM 理论基于完全市场假设、理性行为假设、无税收差异假设和无风险假设,并认为企业价值与股利

---

① 对企业价值评估合理与否,直接影响到他们的投资行为与投资报酬。
② 在股票市场中,股票价格的定价有两种思路:稳固基础理论和空中楼阁理论。稳固基础理论认为,股票价格是以其内在价值为稳固基础的,而这种内在价值一般可通过分析公司现有及未来的盈利水平和风险状况得出;空中楼阁理论认为股票价格代表证券市场的平均预期,他人愿支付的价格即为它的价值。从某一段时间来看,股票的价格取决于投资者对股票供求状况的预期,但从长期来看,特别是随着投资者的日益成熟以及股票市场的不断完善,股票价格最终还是由其内在价值决定的。以下三个公司价值计量模型都属于稳固基础理论定价思路。
③ MM 理论是由莫迪格利安尼和米勒在反思传统资本结构理论中存在的问题之基础上形成的。他们于 1958 年在《美国经济评论》第 48 卷上发表了题为"资本成本、企业财务和投资理论"(Modigliani & Miller, 1958)的论文,提出著名的定理Ⅰ、定理Ⅱ和定理Ⅲ,形成了 MM 定理的中心论点,在此基础上,两位学者又发表了一系列论文,对这一理论的部分观点进行修正与实证检验,这些论文包括《股利政策、增长和股票估计》(Miller & Modigliani, 1961)和《企业所得税和资本成本:一项修正》(Miller & Modigliani, 1963)等。

政策无关①,它取决于企业再投资项目的效益,即

$$V_t = \sum_{t=1}^{\infty}(TE_t - TI_t)/(1+k)^{t+1}$$

其中:V_t:第 t 期期末企业价值

TE_t:第 t 期企业盈利总额

TI_t:第 t 期企业投资总额

k:与特定企业风险相对应的资本成本

(2) 威廉-戈登模型中的公司价值计量模型。② 威廉-戈登模型基于企业持续经营假设,并认为股票的内在价值取决于此后无限次股利收益流量的现值,即

$$P_0 = \sum_{t=1}^{\infty} D_t/(1+k)^t$$

其中:P_0:现行股票的内在价值

D_t:第 t 期股利

k:与特定企业风险相对应的资本成本

(3) Felthan-Ohlson 模型中的公司价值计量模型。③ Felthan-Ohlson 模型认为,如果① 企业未来现金流量折现率是不变的;② 使用者知悉企业可能出现的所有状态;③ 每种状态的结果是可以观察的;④ 每种状态出现的概率是客观且可知的,那么,企业的价值可用下式表示:

$$PA_t = bv_t + g_t$$

其中:PA_t:企业在 t 时点的价值

bv_t:企业在 t 时点的资产账面价值

g_t:未来非正常盈利在 t 时点的折现值

由上可见,企业价值计量模型仍然脱离不了对会计信息的运用,如 MM 理论中的盈利总额、投资总额和资本成本,威廉-戈登模型中的股利和资本成本以及 Felthan-Ohlson 模型中的资产账面价值、非正常盈利等都属于会计信息。同时,我们发现,学术界并没有形成一个比较一致的企业价

---

① 很多理论并不认同这一观点,如税差学派、代理成本说和信号模型等,具体内容可参考沈艺峰(1999)。

② 威廉于 1938 年发表的《投资价值理论》一书和戈登于 1962 年发表的《投资、理财和公司价格》一书,都以"现值理论"为基础,根据"企业持续经营的假设",提出了新的股票估价模型。参见吴世农(1997:83)。

③ 相关论文有 Ohlson(1995)和 Felthan and Ohlson(1995)等。

值计量模型,其原因就在于企业价值的决定因素很多,它与会计信息的方方面面均存在联系,并非根据其中一方面或两方面的会计信息就能对公司价值作出比较恰当的评价。然而,这些尚未取得一致意见的企业价值计量模型,从另一个角度说明了会计信息对评价企业价值的作用。这种作用最终体现在市场价格之中,因为市场价格是在市场参与者的共同作用下而形成的,而会计信息是市场参与者发生与改变行为的基本依据。①

二、会计信息的价值:经验证据

证明会计信息是否具有价值,从根本上讲就是要证明会计信息对优化资源配置是否起作用;而优化资源配置是通过利益相关者的投资行为而实现的,因此,通过分析会计信息与投资行为之间的关系,可以证明会计信息是否具有价值。由于股票市场拥有比较完整的会计信息与交易数据,因此,绝大多数检验会计信息和投资行为的研究,是运用股票市场上的会计信息和交易数据而进行的;当然,也有通过运用其他方法和数据来分析会计信息与投资行为之间关系的研究。

股票市场价格波动是投资行为发生变化的基本反映。对于会计信息披露与股票市场价格波动之间的关系,国内外学者进行了广泛的检验,其中尤以盈余数字的信息含量检验最为突出。早在1966年,本斯顿(Benston,1967)就研究了1926年1月至1964年12月之间纽约证券交易所股票的月价格与上市公司盈余变动之间的关系,结果发现股票价格与盈余变动具有显著的相关性;波尔和布朗(Ball and Brown,1968)于1968年对在纽约证券交易所上市的261家公司从1946年至1965年年度会计盈余信息披露前12个月到后6个月的股价之间的关系进行研究,结果发现能获得非正常报酬(即好消息)的公司,其股票投资者能够获得非正常报酬,反之亦然。这说明股票价格已经反映了公司的盈利信息,另一方面也表明投资者能够根据对公司盈利的预期及其与实际盈利数字的偏差,而及时调整股票价格,说明公司披露的盈利数字在股票定价中起了作用(汤云为、陆建

---

① 斯科特(Scott,1997)曾在其著作《财务会计理论》中对单人决策中会计信息价值的具体作用过程进行了演示,而彼弗(Beaver,1998)则在其著作《会计报告:一项会计革命》中分别对单一个体背景和多重个体背景下的会计信息价值的具体作用过程进行了演示。实际上,会计信息的含义是他们演示的基础。

桥,1998);同年,彼弗(Beaver,1968)也发现会计盈余公布当周的非正常报酬的方差是前后各 8 周的相应方差平均值的 1.67 倍,说明会计盈余的披露确实向市场传递了有用的信息;同时,他还考察了会计盈余披露前后各 8 周交易量的变化,结果发现在盈余信息披露当周的成交量高出其他时期成交量 33% 以上,这也说明会计盈余的披露对投资者的投资决策产生了影响。此后,会计盈余披露的信息含量成为实证会计研究的重要课题,而几乎所有的研究结果都支持了会计盈余披露对于股票市场的有用性。

我国学者也对会计盈余披露的信息含量问题进行了检验。赵宇龙(1998)考察了上海股市 123 家样本公司在 1994 年至 1996 年 3 个会计年度的会计盈余披露日前后 8 个交易周内未预期盈余与股票非正常报酬率之间的关系,结果发现,未预期会计盈余的符号与股票非正常报酬率的符号之间存在统计意义的显著相关,支持了会计盈余数据的披露具有信息含量的假设;陈晓、陈小悦和刘钊(1999)考察深、沪两地上市的 A 股公司 256 家 1994 年 1 月 1 日至 1998 年 4 月 10 日间盈余公告日前后各 20 天的市场对盈余信息的反映,结果发现,在我国 A 股市场上,盈余数字具有很强的信息含量。

吴联生曾在 1998 年就机构投资者和个人投资者对上市公司会计信息的需求情况进行调查,调查结果表明,96.67% 的机构投资者和所有的个人投资者都需要历史信息,没有任何一个机构投资者或个人投资者表示不需要未来信息。这表明,无论历史信息还是未来信息,都是投资者所需要的。① 对于资产负债表、损益表和现金流量表,大多数投资者认为这些报表"非常有用"或"有用",部分投资者认为它们"部分有用",而没有任何一个投资者认为它们"毫无用处",它们的评价值都处于 1.5—2.5 之间②,也证明了它们的有用性。该调查同时表明,投资者对会计信息的需求超过现行上市公司所披露的会计信息,如人力资源信息、财务预测信息、物价变动影响信息和管理部门对会计信息的分析等都是投资者所需要的,但它们都不在现行上市公司会计信息披露的范围之内。会计信息对投资者的价值,还表现在投资者对会计信息披露方式的要求程度上:(1) 绝大多数机构投

---

① 比较历史信息与未来信息,可以发现,投资者更需要未来信息。73.33% 的机构投资者和 80.00% 的个人投资者表示"非常需要"未来信息,而只有 10.00% 的机构投资者和 1.11% 的个人投资者表示"非常需要"历史信息;从整体上看,历史信息与未来信息的评价值分别为 1.93、1.99 和 1.27、1.20,未来信息的评价值要比历史信息的评价值小得多。参见吴联生(2000b)。

② 有关评价值的含义请参考原文。

资者认为上市公司"非常需要"或"需要"披露经营业务分部信息、市场(国家)分部信息和产地(国家)分部信息,其评价值分别为 1.73、2.07 和 2.03,说明他们需要程度高。绝大多数个人投资者也认为,上市公司"非常需要"或"需要"披露经营业务分部信息、市场(国家)分部信息和产地(国家)分部信息,其评价值分别为 1.69、2.10 和 2.03,也说明了其需要程度高;(2) 除了 1 个机构投资者外,其他机构投资者和所有个人投资者都认为上市公司应披露比较信息,从评价值 3.10 和 3.04 来看,投资者需要上市公司提供三年的比较信息;(3) 对于不便于使用数据进行反映的会计信息,86.67%的机构投资者和 82.22%的个人投资者认为,"完全可以"或"可以"用文字说明,其评价值分别为 1.93 和 1.99,均小于 2,说明其赞同程度很高;(4) 对于无法用货币单位进行计量的会计信息,66.67%的机构投资者认为,"完全可以"或"可以"用其他单位进行计量,其评价值为 2.33,小于 2.5,说明其赞同程度较高;但是,认为无法用货币单位进行计量的会计信息"完全可以"或"可以"用其他单位进行计量的个人投资者,只有 40%(12.22% + 27.78%),不足 50%,且其评价值为 2.52,超过了 2.50。这说明个人投资者从总体上看并不赞同用其他单位对会计信息进行计量(吴联生,2000b)。第(1)和(2)表示投资者需要更为详细的会计信息,第(3)和(4)表示无论会计信息采用什么形式进行披露,都比不披露会计信息强。它们从正反两方面说明了投资者对会计信息的需求,从一方面体现了会计信息的价值。陆正飞(2002)对中国公众投资者的信息需求进行了调查研究,信息的真实性、及时性和充分披露是我国公众投资者认为最重要的质量特征,投资者主要基于对未来的预期进行投资决策,因而非常重视未来导向的前瞻性信息,同时也特别重视公司外生信息和宏观层面的信息;投资者很重视公司的盈利能力。中国公众投资者对信息(会计信息是其中最为重要的组成部分)的这种需求特征的存在——其隐含的前提是会计信息是有价值的,是有利于他们对企业价值的判断的。

综上所述,利益相关者合作投资的存在是会计信息具有价值的前提条件,而会计信息本身所代表的经济含义是会计信息具有这种价值的根本所在。国内外的经验证据则表明,会计信息的确在现实的股票市场中发挥着重要的作用。

三、会计信息失真"三分法"的提出

会计信息是会计规则① 执行者② 根据一定的会计规则而产生的。如果会计信息是失真的,那它必然与会计信息产生的某个或所有环节相关。高质量会计规则是产生高质量会计信息的基础,因此,会计信息失真首先与会计规则的质量相关;当然,即使会计规则的质量再高,也只有得到有效执行才能产生高质量的会计信息,故会计信息失真又与会计规则的执行紧密相关。总的来看,会计规则没有得到有效的执行,无外乎以下两种情形:一是会计规则执行者故意违背会计规则;二是会计规则执行者由于客观上的原因在会计规则的执行上存在偏差。据此,我们对会计信息失真提出"三分法",即将会计信息失真区分为规则性失真、违规性失真和行为性失真。③

会计信息规则性失真是指会计规则本身所导致的会计信息失真,也就是说,即使会计规则执行者完全理解会计规则的内容与要求,并完全按照会计规则的要求生产与披露会计信息,会计信息也是失真的。而会计信息违规性失真和会计信息行为性失真指的是由会计规则执行者执行会计规则的行为时所导致的会计信息失真,它与会计规则本身无关。其中,会计信息违规性失真指的是会计规则执行者故意违背会计规则而导致的会计信息失真;而会计信息行为性失真则指的是会计规则执行者在并没有故意违背会计规则的动机的情况下而采用的不当会计规则执行行为所导致的会计信息失真。假定 $A = \{$导致会计信息失真的因素来自于会计规则本身$\}$,$B = \{$导致会计信息失真的因素来自于会计规则执行者对会计规则的故意违背$\}$,$C = \{$导致会计信息失真的因素来自于会计规则执行者对会计

---

① 会计规则是指用以规范会计信息生产与披露的法律规章制度以及各种相关的准则。我国会计规则主要包括《会计法》、《企业会计制度》、《企业会计准则》等。

② 会计规则执行者包括经营者和会计人员。显然,会计人员是会计系统的重要组成部分,那么,经营者与会计系统之间的关系如何呢? 我们认为,会计系统为经营者的经营决策和监督其他生产者而提供信息时,经营者是会计信息的使用者,而非会计系统的组成部分;会计系统向除经营者以外的利益相关者提供会计信息时,经营者是会计系统的组成部分(吴联生,2000a)。

③ 笔者在1998年的论文(吴联生,1998b)中将会计信息失真分为违法性失真、规范性失真和技术性失真,由于当时对会计信息失真问题的研究处于刚刚起步阶段,因此尚未对此进行详细分析。经过近几年的研究,笔者认为其中的表述欠妥,故分别将"违法性失真"改为"违规性失真",将"规范性失真"改为"规则性失真",将"技术性失真"改为"行为性失真",并将"违规性失真"和"规则性失真"的位置进行了调换。

规则的非故意违背},$S=${导致会计信息失真的因素},则

$$S = A \cup B \cup C, 且 A \cap B = \varnothing, B \cap C = \varnothing, A \cap C = \varnothing$$

上式表明,将会计信息失真分为规则性失真、违规性失真和行为性失真是严密的,因为不同的会计信息失真类型之间两两互不相容,而三类会计信息失真构成了会计信息失真的全集,即它们构成了一个完备事件组。

从会计信息的生成过程来看,会计信息是会计规则执行者根据会计规则而采取执行行为,从而生产出来的,可见,导致会计信息失真的因素首先是来自会计规则的因素,而后是来自会计规则执行行为的因素。而在会计规则执行行为的因素中,会计规则执行者的主观意识优先于无意识。因此,根据会计信息失真产生的先后顺序来排序,首先是会计信息规则性失真,其次是会计信息违规性失真,最后是会计信息行为性失真,并且它们之间存在着如下的关系:真实的会计信息是会计域秩序[①] 经过规则性失真、违规性失真和行为性失真的三层先后过滤而形成的,而每一次的过滤都减少了真实会计信息的量。假设规则性失真、违规性失真和行为性失真的比例分别为 a、b 和 c($0 \leqslant a \leqslant 1, 0 \leqslant b \leqslant 1, 0 \leqslant c \leqslant 1$),那么,它们的关系如图 1-1 所示:

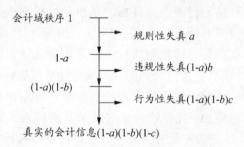

图 1-1 "三分法"下会计信息失真的结构

最后需要特别指出的是,本文将会计信息失真区分为规则性失真、违规性失真和行为性失真,其目的不在于将现实中的会计信息失真予以识别并进行归类。事实上,现实中的会计信息失真往往是由三类会计信息失真共同构成的。本文提出会计信息失真"三分法",其目的在于从区分动因的角度对会计信息失真进行深入分析,以对会计信息失真的综合治理提供理论依据。

---

① 有关"会计域秩序"的概念将在第二章详细论述。

四、小结

利益相关者合作投资的存在是会计信息具有价值的前提条件,而会计信息本身所代表的经济含义是会计信息具有这种价值的根本所在。国内外的经验证据则表明,会计信息的确在现实的股票市场中发挥着重要的作用。根据会计信息生产环节以及会计信息失真的成因,本文提出会计信息失真"三分法",认为会计信息失真可区分为规则性失真、违规性失真和行为性失真,并且它们之间存在着如下的关系:真实的会计信息是会计域秩序经过规则性失真、违规性失真和行为性失真的三层先后过滤而形成的,而每一次的过滤都减少了真实会计信息的量。当然,会计信息失真"三分法"的目的并不在于将现实中的会计信息失真予以识别并进行归类,而是从区分动因的角度对会计信息失真进行深入分析,以对会计信息失真的综合治理提供理论依据。

参考文献

陈晓、陈小悦、刘钊,1999,"A股盈余报告的有用性研究",《经济研究》,6:21—28。
迪屈奇,1999,《交易成本经济学》,经济科学出版社。
郭道扬,1984,《会计发展史纲》,中央广播电视大学出版社。
马歇尔,1991,《经济学原理》,商务印书馆。
沈艺峰,1999,《资本结构理论史》,经济科学出版社。
唐寿宁,1998a,"投资活动中的秩序",载《个人选择与投资秩序》,中国社会科学出版社。
唐寿宁,1998b,"两种投资秩序及其碰撞",《经济研究》,12:69—77。
汤云为、陆建桥,1998,"论证券市场中的会计研究:发现与启示",《经济研究》,7:50—59。
陆正飞,2002,"中国公众投资者信息需求之探索性研究",《经济研究》,4:36—43。
吴联生,1998a,"上市公司会计报告未来模式探讨",《财会通讯》,7:27—29。
吴联生,1998b,"会计信息失真的类型划分及其治理",《浙江财税与会计》,4:13—14。
吴联生,2000a,"论会计系统的内容构成",《经济评论》,3:119—120,126。
吴联生,2000b,"投资者对上市公司会计信息需求的调查分析",《经济研究》,4:41—48。
吴联生,2001a,《上市公司会计信息披露制度:理论与证据》,厦门大学博士后研究报告。
吴联生,2001b,《上市公司会计报告研究》,东北财经大学出版社。

吴世农,1997,《现代财务理论与方法》,中国经济出版社。

亚当·斯密,1997,《国民财富的性质和原因的研究》(上卷),郭大力、王亚南译,商务印书馆。

赵宇龙,1998,"会计盈余披露的信息含量——来自上海股市的经验证据",《经济研究》,7:41—49。

Alchian, A., and H. Demsetz, 1972, "Production, Information Costs, and Economic Organization", *The American Economics Review*, 62(4): 777—795.

Ball, R., and P. Brown, 1968, "An Empirical Evaluation of Accounting Income Numbers", *Journal of Accounting Research*, 6(2): 159—178.

Beaver, W. H., 1968, "The Information Content of Annual Earnings Announcements", Empirical Research in Accounting: Selected Studies, *Journal of Accounting Research*, 9(Supplement): 67—92.

Beaver, W. H., 1998, *Financial Reporting: An Accounting Revolution*, Prentice Hall, Inc.

Benston, G., 1967, "Published Corporate Accounting Data and Stock Prices", Empirical Research in Accounting: Selected Studies, *Journal of Accounting Research*, 5(Supplement): 1—14.

Coase, R. H., 1937, "The Nature of the Firm", *Economica*, 4(16): 386—405.

Felthan, G. A., and J. A. Ohlson, 1995, "Valuation and Clean Surplus Accounting for Operating and Financial Activities", *Contemporary Accounting Research*, 11(2): 689—731.

Jensen, M., and W. Meckling, 1976, "Theory of the Firm: Managerial Behavior, Agency Costs and Ownership Structure", *The Journal of Financial Economics*, 3(3): 305—360.

Miller, M. H., and F. Modigliani, 1961, "Dividend Policy, Growth and the Valuation of Shares", *Journal of Business*, 34(4): 411—433.

Modigliani, F., and M. H. Miller, 1963, "Corporate Income Taxes and the Cost of Capital: A Correction", *The American Economic Review*, 53(3): 433—443.

Modigliani, F., and M. H. Miller, 1958, "The Cost of Capital, Corporation Finance and the Theory of Investment: Comment", *The American Economic Review*, 48(3): 261—297.

Ohlson, J. A., 1995, "Earnings, Book Value, and Dividends in Equity Valuation", *Contemporary Accounting Research*, 11(2): 661—687.

Scott, W. R., 1997, *Financial Accounting Theory*, Prentice Hall, Inc.

Zingales, L., 2000, "In Search of New Foundations", *The Journal of Finance*, 55(4): 1623—1653.

第二章
会计域秩序与会计信息规则性失真

会计规则是会计信息产生的依据,研究会计信息质量,首先应该研究会计规则及其对会计信息质量的影响。本章在评述制度理论的基础上提出会计域秩序的概念,并明确会计域秩序和会计规则之间的关系;而后,研究会计信息真实性的动态过程,并探求会计信息规则性失真的决定因素;最后,结合我国会计规则的制定来研究我国治理会计信息规则性失真的措施与方案。

一、会计规则和会计域秩序的关系:博弈制度论视角

会计规则虽然只是用以规范会计信息生产与披露的规范,但它也是社会制度的重要组成部分。关于制度,不同的经济学家显然有不同的理解,从而他们对制度的研究和关注也各不相同。旧制度学派所认为的"对于所有人而言普遍和稳定的思维习惯"(Veblen,1909[1961])关于制度的观点,已不为经济学界推崇。而除旧制度学派的制度理论以外,还有三种不同的制度理论。为了区分这三种不同的制度理论,青木昌彦(2001:5)认为将经济过程比喻为博弈可能是合适的。从博弈论角度来理解制度,不同经济学家对制度的具体理解,仍然存在着显著的差异,他们的观点可以区分为制度博弈主体论、制度博弈规则论和制度博弈均衡论等三种。① 博弈主体论认为制度就是博弈的特定参与人,诸如"行业协会、技术协会、大学、法庭、政府机构、司法等等"(Nelson,1994:57)。显然,将制度理解为博弈的参与人,它根本无法解释制度的起源、变迁及其实施,因而也不为经济学界所重视。目前,广为经济学界所接受的主要是制度博弈规则论和制度博弈均衡论。

诺斯(North)是制度博弈规则论的支持者,他认为(North,1990:3—4):制度是社会的博弈规则,或更严格地说,是人类设计的用于制约人们相互行为的约束条件……用经济学的术语说,制度定义并限制了个人的决策集合;这些约束条件可以是非正式的(如社会规范、惯例、道德准则),也可以是有意设计或规定的正式约束(如政治规则、经济规则和合同);现存的博弈规则决定了参与人如何交易,以及创新的动机,因而在根本上导致了伴随相对价格变动而产生的对新规则的有效需求,这些新规则将在

---

① 有关三种博弈制度论的阐述,参考了青木昌彦(2001:5—11)。

"政治市场"上经各方协商而确定,政治市场则由政治规则决定。赫尔维茨(Hurwicz,1993,1996)则研究了"设计"一项实现既定社会目标的制度的可能性,其中,制度在一系列环境(技术、偏好和资源禀赋)下与参与人的动机是兼容的;他认为博弈规则(即制度)可以由参与人能够选择的行动("决策集")以及参与人决策的每个行动组合所对应的物质结果("后果函数")来描述;规则必须是可执行的,惟有对人类行动的一组人为的和可实施的限定才构成一种制度。可见,制度博弈规则论认为制度是一种博弈规则,它是人为设计出来并用以制约人们行为的规则。

制度博弈均衡论的最早提倡者是肖特(Schotter),他把制度定义为"一种被社会所有成员认同的社会行为的规律性,它规定了在一些特定和经常出现的情况下的行为,它要么是自我监督,要么由某种外部权威监督"。从这一定义来看,他也是把制度理解为行为规则,但与制度博弈规则论不同的是,他假定规则是内生于经济过程,作为博弈的结果而产生的,而不是由政治或立法过程外生制定的(Schotter,1981)。近年来,进化博弈论(evolutionary game approach)和重复博弈论(repeated game approach)对制度博弈均衡论进行了发展。进化博弈论认为,参与人的行为习惯可以自我形成,不需要第三方实施或人为设计;当惯例演化时,参与人在进化选择的压力下,倾向于发展某些适应性更强的特征(如环境认知、偏好、技能等)(Sugden, 1986, 1989; Yong, 1998; Bowles, 2000);制度是"自发的秩序"(Menger, 1883[1985]; Hayek, 1973)或自组织系统。重复博弈论则借助于博弈精练均衡和其他复杂的相关均衡的概念,说明特定的策略组合(即实际的博弈路径和参与人预期)一旦确立,制度就将是自我实施和可维持的(Greif, 1989, 1994; Milgrom, North and Weingast, 1990; Greif, Milgrom and Weingast, 1994; Calvert, 1995),并认为"在博弈论的框架中,两个相互联系的制度要素是(关于别人行为的)预期和组织……组织是非技术因素决定的约束,它们通过引入新的参与人(即该组织本身),改变参与人所得的信息,或者改变某些行动的报酬来影响行为"(Greif, 1996)。可见,制度博弈均衡论认为制度是一种博弈均衡,它是通过博弈参与人之间的策略互动而最后成为自我实施的,而非人为设计的、需要借助实施机制才能够得到执行的规则。

根据上文介绍,可以把制度博弈规则论和制度博弈均衡论的核心内容比较如表2-1。

表 2-1 制度博弈规则论和制度博弈均衡论比较

	制度博弈规则论	制度博弈均衡论
性 质	博弈规则	博弈均衡
产 生	人为设计	自发秩序
目 标	社会目标	个人目标
功 能	制约人们行为	反映人们信念
执 行	自我执行	自我执行

虽然制度博弈规则论和制度博弈均衡论都从博弈的视角对制度进行理解，但他们所理解的制度存在显著的差异。制度博弈规则论所认为的制度与作为正式约束的政治制度、经济制度等是比较一致的，它们是人为设计的结果，并用以约束人们的行为；也正是如此，制度博弈规则论成为广为人们接受的制度理论之一。然而，我们认为，该理论无法回答或解决以下几方面的问题：(1) 到底是谁设计制度？诺斯（North, 1995：23）虽然声称"正是政治过程本身界定和实施产权"，即他认为经济制度将在"政治市场"上经各方协商而确定，政治市场则由政治规则决定，但他仍然没有回答政治规则作为一种制度，又是由谁设计的呢？如此循环，总是无法找到最终的设计者。制度博弈规则论无法回答这一问题。(2) 制度设计者设计制度的依据是社会目标吗？假设存在一个制度的设计者，并且他设计制度的社会福利最大化，由于存在多个满足社会福利最大化要求的解，对于同一对象的制度，不同时期不同国家或地区的制度可能存在差别。但是，制度完成社会目标的前提是参与人动机与社会目标的兼容。如果社会目标与参与人的动机是完全兼容的，那么，"公共牧地"的悲剧（Hardin, 1968）就不会产生。可见，社会目标与参与人的动机无法完全兼容，而只能妥协性地兼容。那么，妥协性的兼容又是如何进行的呢？双方的妥协程度又是如何确定的呢？如果制度不完全是人们所期望的那样，制度又如何能够得到自我实施呢？这又与博弈规则论所指出的"规则必须是可执行的，惟有对人类行动的一组人为的和可实施的限定才构成一项制度"相矛盾。制度博弈规则论没有对这一问题做出回答。(3) 无须设计而存在的制度为什么会存在？习俗性产权规则和社区规范作为一种制度，它的产生与存在是无须任何人设计的，而是人们从经验中认识到的，遵循这样一种约束实际上有助于每人对目标的追求（青木昌彦，2001：41）。如果说制度是人为设计的结果，那么，这些无须设计而存在的制度又是如何产生而存在的呢？制度博弈规则论也没有对这一问题作出回答。

制度博弈均衡论认为制度是一种博弈均衡,它是通过博弈参与人之间的策略互动而最后成为自我实施的。显然,制度博弈均衡论认为制度是"自发的秩序",由于从来就不可能存在一种免于制度影响的世界,也就是说,在一定环境下,自发秩序的产生也并不是完全自发的,而是受到历史事件和过去通行的规则以及邻近域通行的规则(青木昌彦,2001)的影响,那么,一定环境下的自发秩序是一种历史的和现时的长期重复博弈的结果,是"由有限理性和具有反思能力的个体所构成的社会的长期经验的产物"(Kreps,1990:183),即制度博弈均衡论把制度起源问题引向了从历史继承下来的社会结构(青木昌彦,2001:17),而没有陷入无穷的寻找制度设计者的循环之中。从这一角度出发,制度博弈均衡论很合理地解释了习俗性产权规则和社区规范的产生。不过,我们认为,博弈均衡论在以下几方面还存在不足:(1)有些制度为什么频繁修订?制度博弈均衡论认为制度是"自发的秩序",那么,制度变迁的根本原因就在于人们信念的变化。从较长期的时间角度来看,人们信念的变化是必然的,否则制度就不会发生变迁,这也与事实是一致的。但这并不意味着制度应该频繁修改,相反,它在一定时间范围内应是相对稳定的。根据这种推论,制度应该在一段时间内稳定,而不可能朝令夕改。但事实上,经常出现制度频繁被修订的情况。制度博弈均衡论没有对此予以回答。(2)有些制度虽然没有修订但它为什么一直没有得到有效执行?如果制度没有需要修改,这意味着在这一段时间内它仍然是人们信念的反映,体现了人们的利益要求,并且"均衡"概念明确指出没有任何人有动力违背这种制度,因为违背给他带来的只能是效用的减少。既然如此,为什么现实中的制度并没有得到完全执行呢?制度博弈均衡论也没有对此予以回答。(3)绝大多数的制度为什么需要额外的执行机制?制度是人们信念的反映,是人们参与多次重复博弈的均衡,没有人有动机去违背它,因此,制度是可以不需要依赖任何的执行机制而自我执行的。但是,现实中的很多制度往往都有一个额外的执行机制,以保证制度的执行。制度博弈均衡论也没有对其中存在的原因予以回答。

根据上文分析,我们可以发现,制度博弈规则论和制度博弈均衡论分别反映了制度的不同侧面,之所以如此,其根本原因是没有明确区分两种不同的制度:非正式约束(如社会规范、惯例、道德准则等)与正式约束(如政治规则、经济规则和合同等)。为了区分这两种不同的制度,我们需要区分"秩序"和"制度"这两个概念。① "秩序"指的就是"自发的秩序",它是那些追求自己目的的个人之间自发生成的,而非人为设计的结果(邓正来,1998:30);它是人们重复博弈的纳什均衡,没有任何人有任何动机去违背,它是可以自我实施的。② 制度则包括两类:一类是自发的结果,如社会规范、惯例;一类是人为设计的结果,如会计制度、合同等。第一类制度实际上就等同于秩序,也就是说,习俗性产权规则和社区规范即是一种秩序,也是一种能够自我执行的制度;而第二类制度则明显异于秩序,因为这种制度是人为设计的结果。但是,我们必须注意的是,虽然第二类制度是人力所为,但绝非任意设计或随意执行的产物(青木昌彦,2001:18),它是以相应域的秩序为根本依据而形成的,而第二类制度与相应域秩序的一致程度,则是该制度有效性的决定因素。由于第二类制度是人为设计的,因而它的执行需要额外的执行机制。但是,执行机制只能在一定程度上确保制度的有效执行,而真正确保制度能够得到有效执行的,则是制度成为人们真正所想要的制度,即制度与秩序的一致。可见,秩序是制度的内在决定因素,理解制度必须从秩序着手,即从秩序到制度,比如,制度变迁的原因可能在于秩序的变迁,也可能在于制度与秩序的不一致性。基于制度和秩序的不同内涵,制度博弈规则论所论述的制度,则主要是第二类制度,它是人们根据秩序而制定的结果;制度博弈均衡论所论述的制度,则主要指第一类制度,它是不需要人为设计的,而是相关域秩序的直接表达。

会计规则作为一种制度,它也包括两类:第一类会计规则是自发的结果;第二类会计规则是人为设计的结果。与会计规则相对应的秩序则为"会计域秩序",它是人们在会计方面自生自发的结果。至于两者的关系,第一类会计规则就是会计域秩序的直接表达,而第二类会计规则则是以会计域秩序为基础人为设计的结果,它与会计域秩序的一致程度,是这种会计规则有效性的决定性衡量标准。目前,现实中的会计规则主要是第二类

---

① 目前,经济学家们并不区分"制度"和"秩序",比如,哈耶克(Hayek, 1960:57)指出:……即使那些最为复杂、表面上看似出于人为设计的政策规划,亦几乎不是人为设计或政治智慧的结果。上文论述的博弈规则论和博弈均衡论也没有区分两者。这正是造成对制度不同理解的重要原因之一。

② 哈耶克(Hayek, 1967:96)认为秩序是人的行动的非意图的结果,即秩序是在任何个人都不知道他的行动与其他人的行动相结合会产生什么结果的情况下自发形成的。这实际上是一个博弈均衡,只不过在这种博弈中,参与人所拥有的信息非常有限。另外,在参与人拥有完全信息的博弈中,每个人就可以知道他的行动与其他人行动组合所产生的结果,从而达到均衡,这种均衡也是"秩序"。

会计规则,并且第一类会计规则与会计域秩序一致,并不存在下文所论述的"规则性失真"的问题,因而,下文一般情况下就不再对第一类会计规则进行论述。下文若没有特别指出,会计规则就仅指第二类会计规则。

二、会计域秩序和会计信息真实性的动态过程

有限资源与无限需求之间的矛盾,决定了社会公众必定追求财富绝对量的增长和财富相对比重的增加。社会公众之所以将其拥有的资源进行投资,其目的就在于通过企业降低成本和递增报酬的优势,以实现利益追求的目的。站在社会公众个人的角度来看,他们对投资行为的选择都将以有利于自己的利益为标准。这样,整个社会将处于无序状态,其结果是任何人都不可能有能力做好自己的事情,当然也就无法获得财富绝对量的增长,更谈不上财富相对比重的提高;也就是说,社会公众不仅不能提高他们需求的满足程度,而且连他们基本的需求也无法得到满足。这就如同在十字路口,每个人都不顾他人而只顾自己走路,其结果是道路处于极度无序状态,结果是谁也无法通过这个十字路口。因此,如果社会公众想要满足自己最基本的需求,想要提高满足自己需求的程度,他们必须进行合作,而被迫放弃以完全有利于自己的利益为标准的投资行为。这样,利益相关者合作投资的结果,就是社会形成一种自生自发的投资秩序。[①]

实际上,利益相关者在发生投资行为过程中所进行的合作,是一个相当复杂的过程。但是,合作若要取得成功,其基本前提是需要对利益相关者所投入的不同资源和利益相关者所享有的收益进行计量。不仅不同资源的计量难易程度是不同的,而且计量的方法可能也是多种多样的。如财务资源(现金、银行存款等)的计量最为简单,计量方法也没有任何商量与选择的余地;而材料、产品、设备等的计量相对来说,其难度要大一些,计量方法也可能存在历史成本、现行成本、可变现价值、公允价值等的选择;而无形资产(专利、商誉等)和人力资源的计量则更难,计量方法选择的弹性也更大。[②] 选择不同的计量方法必然对不同的利益相关者的利益产生不

[①] 有关秩序更为详细的阐释,可参考哈耶克(2000)。
[②] 消费者和供应商所投入的关系资源、社会公众所投入的环境资源,尚未被当前的会计所考虑。它是当前会计的一个缺陷,也是需要解决的一个重大问题。

同的影响,因此,利益相关者在进行合作之前,资产计量方法必定是他们谈判的重要内容。另外,利益相关者绝对财富和相对财富的增长,其根本途径就在于他们从投资中获取报酬,而且这种报酬越多越好。投资合作到底实现了多少收益,各成员又能得到多少收益,都需要依靠会计对收益进行计量。在单式簿记时代,会计就已为政府以及民间商业和手工业核算收支;到了复式簿记阶段,会计则把核算损益作为自己的重要目标。自此以后,核算收益一直是会计的重要内容。当然,收益的核算方法也是多种多样的,如收付实现制和权责发生制的不同运用,谨慎性原则运用的不同程度和范围等,都将影响当期和未来收益的确定,从而直接影响利益相关者的利益。因此,对收益核算方法的谈判也是利益相关者在合作投资过程中所需要进行互动的重要内容。由此可见,包括资源和收益价值的计量以及相关信息的披露等内容的会计域秩序,它实际上是利益相关者以其所投资的资源为依据而进行互动的结果,是他们重复博弈的纳什均衡。

当然,会计域秩序作为重复博弈的纳什均衡,其结果可能与博弈规则是相关的,这就如同采用不同的选举方式,其结果可能不同。但是,某些直接影响会计域秩序的因素,它不会因为博弈规则的改变而改变。这些因素主要有制度环境、资源的供求关系、资源投入量、资源的信号显示机制、资源的可抵押性、资产专用性、风险选择以及组织化程度等。①

1. 制度环境。它是一套用于确立生产、交换与分配基础的基本的政治、社会和法律的规则,这些制度适用于这个社会中的所有交易;而所有的资源交易都是在某个制度下完成的,资源最有价值的使用方式依赖于制度环境(布坎南,1989:149—150)。当然,制度所提供的规则通常包括正式规则和非正式规则(诺思,1994:12),正式规则包括政治规则、经济规则等,而非正式规则则包括习俗、文化、道德等。无论其强制性如何,它们也都是利益相关者进行重复博弈时所必须遵守的规则,当然,这必然会对重复博弈的纳什均衡(即会计域秩序)产生影响。

2. 供求关系。利益相关者的合作投资是不同主体交易财产权的一种方式,它既然是一种"交易",就要服从市场供求规律的制约,即不同主体所拥有资源的市场供求关系决定了他们的交易,以及在交易基础上所进行的

---

① 这些因素对会计域秩序的影响,也说明一定环境下的秩序并不是完全自发的,而是受到历史事件和过去通行的规则以及邻近域通行的规则的影响,它是一种历史的和现时的长期重复博弈的结果,是"由有限理性和具有反思能力的个体所构成的社会的长期经验的产物"。

所有有关的博弈,当然也会影响会计域秩序。在传统企业里,工人基本上都只拿固定工资,即使企业获得了再多的收入,工人也无法享有,其中一个重要的原因就在于工人劳动力的市场供给大大超过市场对工人劳动力的需求;而目前不断涌现的某些奇缺人才开始拥有企业更多的索取权和控制权。不同人力资源的不同供求关系,当然也会影响以此为基础的会计域秩序。

3. 资源投入量。利益相关者投入企业的资源的量,也直接影响利益相关者参与博弈的影响力。很明显,投入资源量越多的利益相关者,对博弈纳什均衡的影响也越大,反之亦然。当然,不同利益相关者的不同影响力,也直接影响了会计域秩序。

4. 资源的信号显示机制。利益相关者投入企业的资源,只有在它的质[1]和量被别人真正得知时才能对企业契约的安排产生影响,而这取决于不同资源的信号显示机制。[2] 一般来说,财务资源的质和量是很容易被别人所识别,而人力资源的质和量则很难被识别,即别人很难确切知道一个经理或工人能够干些什么、努力程度如何,等等。也正是这个原因,在企业契约的初次谈判中,人力资源所有者往往不能得到应有的企业所有权[3],而只能接受一个"不平等"的契约。[4] 这样,在会计域秩序的形成过程中,人力资源所有者就不可能发挥他应有的影响力。不过,随着时间的推移,人力资源的质和量随着人力资源所有者的具体行动而得到体现,他们对会计域秩序的影响也会达到应有的水平。

5. 资源可抵押性。利益相关者虽然都将自己所拥有的资源投入到企业中,但是由于资源可抵押性的不同,利益相关者所承担的风险也是不同的。从平等与自由的角度来看,承担较大风险的利益相关者,必须拥有较强的影响会计域秩序的能力。一般来说,股东和债权人的财务资源具有完全的可抵押性,而人力资源的可抵押性相对来说差一些[5],而社会公众投

---

[1] 资源的质是市场供求关系的决定性基础。
[2] 张维迎通过假定个人在经营能力、个人财富和风险态度等方面存在差异,通过发展资本信号模型来研究企业所有权的安排。参见张维迎(1995)。
[3] 如果人力资源的质和量已充分被别人所得知,不平等契约就不一定能够产生。
[4] 杨瑞龙、周业安(2000:88)认为,雇员成为一个固定的收入者,是他放弃对企业所有权要求的结果。我们认为,雇员可以获得固定的收入也是他拥有企业所有权的具体体现,他并没有完全放弃对企业所有权的要求,只不过获得的企业所有权比他应该获得的要少。
[5] 现有企业理论已认识到,人力资源与其所有者不可分离,故它的可抵押性比财务资源差。参见 Knight(1921);周其仁(1996);张维迎(1996)。

入的环境资源则可以说没有任何的可抵押性。不同利益相关者所投入企业资源的可抵押性不同,对会计域秩序的影响也各不相同。

6. 资产专用性。利益相关者所承担的风险除了与资源可抵押性相关以外,还与资产专用性相关。经济学家们已经认识到资产专用性对企业契约的重要,如威廉姆森(Williamson,1975)将资产专用性作为决定交易费用的主要因素。如果某项资产对某项投资具有专用性,那么当这项资产挪作他用时就会大大贬值。为了弥补这种风险,强抵押性资产所有者对会计域秩序的影响力就会更大。

7. 风险选择。由于人的有限理性以及在其所拥有的财富和对未来的信念上存在差异,不同人对同一企业或项目的效益和风险的评价存在差异以及他们所愿意承担的风险也存在差异。由此,即使拥有完全相同资产的企业契约谈判者,由于他们对风险选择的不同,致使他们所拥有的所有权也不相同。最典型的例子如股东和债权人,他们所拥有的资产都是财务资源,由于他们风险选择的不同,其中愿意承担更大风险的成为股东,不愿意承担更大风险的成为债权人。风险选择的不同即意味着他们参与博弈的权利大小的选择,从而影响博弈的纳什均衡——会计域秩序。

8. 组织化程度。以上7个方面的因素从每个利益相关者所投入企业资产的数量和质量方面,体现出每个利益相关者参与博弈所拥有的权利。由于利益相关者之间的利益是相互冲突的,为了维护自己的利益不遭受损害,每个利益相关者都极力维护自己的权益,并尽量加大其对会计域秩序的影响。然而,作为企业利益相关者的普通成员,他很难对会计域秩序产生实质性的影响。这样,为了增加对会计域秩序的影响,利益相关者除了增加对企业的资源投入量以外[①],还寻求与其他利益相关者的合作。当然,他们首要的合作对象就是同类的利益相关者,如股东之间的合作形成投资者协会、职工之间的合作形成工会、社会公众之间的合作形成环境保护协会等;另外,他们还可以与不同类型的利益相关者进行合作,当然,前提是他们之间能够取得意见上的一致。显然,利益相关者寻求合作的效果如何,即他们的组织化程度如何,会在一定程度上影响会计域秩序。当然,组织化程度越高,相应的利益相关者对会计域秩序的影响力就越大,反之亦然。

---

① 由于每个利益相关者所拥有的资源是有限的,因此,他能够投入到企业中的资源也是有限的。这表明他不可能无限制地通过增加对企业的资源投入而强化其对企业所有权安排的影响。

会计域秩序是利益相关者在制度环境、资源的供求关系、资源投入量、资源的信号显示机制、资源的可抵押性、资产专用性、风险选择以及组织化程度等因素的影响下,以其所投资的资源为依据而进行的利益冲突与协调的结果;而会计规则则是以会计域秩序为基础而人为设计的结果。因此,按照会计规则所生产出来的会计信息,是否具有真实性的特征,就应该以它与会计域秩序是否一致为标准,而不能以所谓的"客观事实"为标准。的确,"客观事实"客观存在,但人类所认识的客观事实,实际上是人类对"客观事实"的认识,而不同的人对同一个"客观事实"的认识可能存在差异,因此,也就不存在大家一致认可的"客观事实",因而它也就无法成为判断会计信息是否具有真实性的标准。而相反,一定时期内一定利益相关者的利益冲突与协调所形成的会计域秩序则是一定的。会计规则只有与这个会计域秩序相一致,才能真正被利益相关者所接受并予以运用。不同时期和不同范围内的利益相关者,不仅其结构不同,而且与利益相关者进行利益冲突与协调紧密相关的制度环境、资源的供求关系、资源投入量、资源的信号显示机制、资源的可抵押性、资产专用性、风险选择以及组织化程度等也存在差异,这两方面因素便决定了会计域秩序会因环境和主体的不同而存在差异,即会计信息的真实性具有相对性,这也是会计规则"被限定在相当一段时间里实行"(唐寿宁,1998a)的原因所在。会计信息真实性具有相对性的特征说明,从时间序列的角度来看,会计信息的真实性是一个动态过程;从地理位置的角度来看,不同国家的利益相关者的结构不同以及制度环境存在的差异,决定不同国家的会计信息就有不同的真实性特征。

三、会计信息规则性失真的客观存在:知识的相对性与理性的有限性

会计域秩序是利益相关者的重复博弈的纳什均衡,会计规则是以会计域秩序为基础而人为设计的结果。然而,我们务必注意的是,这并不意味着按照会计规则要求所生产和披露出来的会计信息就具有真实性特征;相反,它却一定是失真的,也就是说,会计规则作为人为设计的结果,虽然是以自生自发的会计域秩序为依据的,但它与会计域秩序一定是不相吻合的,这种不一致是由会计规则本身所造成的,故我们称其为会计信息的"规则性失真"。会计信息规则性失真之所以客观存在,其原因就在于将自生

自发的会计域秩序转变为会计规则的过程中存在偏差。这种偏差主要是由知识的相对性和人的有限认知理性所造成的。

作为科学方法论的逻辑认知结构,理性是人类获得真理性认识的有效途径。传统经济理论认为,经济人具备关于其所处环境各有关方面的知识,而且这些知识即使不是绝对完备的,至少也应该相当丰富和透彻;同时,经济人还被设想为具备一个很有条理的、稳定的偏好体系,并拥有很强的计算技能,依靠这类技能,经济人能够计算出在他的备选行动方案中,哪个方案可以达到其偏好尺度上的最高点(西蒙,1989:6)。比如,古典厂商理论认为,经济人(厂商)应该拥有关于需求函数和成本函数的完备知识,包括市场是完全竞争的、消费者对不同商品的不同偏好程度、厂商自己的所有备选方案以及它们所能够给他带来的利润。显然,这与事实是不相符合的。市场不一定是完全竞争的,消费者作为一个群体,他们对不同商品的不同偏好程度是很难准确估计的,厂商也很难寻找他所有的决策方案并对它进行计算。西蒙(H. A. Simon)认为在需求函数和成本函数上引进风险和不确定性,或者假定厂商仅仅具备有关备选方案的不完全信息,或者由于其他环境极其复杂,厂商无力计算最佳行动方案,就可以说明经济人完备理性的不可能性。之所以人类不具有完备理性,那是因为人类在开发、验证和应用知识上只具备有限的能力,如地球上没有任何单一的个人曾经自己从头至尾生产出一枝铅笔来。无知是人类存在的一个基本组成部分(柯武刚、史漫飞,2000:60),是人类存在的一个构造性(constitutional)要素[①],这些决定人类的理性是有限度的。西蒙从人类有限的计算能力的角度来说明人类的有限理性[②],基本上与以上论述也是一致的。当然,建立一种关于复杂现实的理论时,必须做出一些公认的简化,并省略许多杂乱无章的细节,但是不能省略构造性要素,否则将会导致模型的无意义。如在建立弹道理论时,可以允许在开始时省略气压和湿度,但不能假设不存在像重力这样的构造性要素。对于经济学来说,它是研究如何克服稀缺性的科学,人类的无知及其对付无知的办法应是其绝对的中心问题,是不能省略的构造性要素。但传统经济学就省略了这一点,致使经济学成为简单的运算,即测算如何运用已知技术来转化已知资源,以满足经济人既有

---

① 哈耶克将"知识问题"引入经济学,并认为构造性无知是人类存在的一个基本方面,参见 Hayek(1937)。
② 西蒙将完备理性称作"实质理性",将有限理性称作"程序理性",参见 Simon(1976:129—148)。

的已知偏好,从而导致经济理论经常与实际的人类存在对不上号(柯武刚、史漫飞,2000:51—62),于是许许多多经济学家妄称了解实际上不可知的事物,他们在冒着风险提出不恰当的建议。①

实际上,知识具有时间的相对性和主体的相对性。② 知识永远是特定于某一具体时间的,是演化选择的结果。人们会根据其所处的环境及其经验加工他们所获得的知识并对其进行检验。一旦知识成为无用的或因环境的变化而成为非建设性的,它就会被忘却或修正;而多数有用的新知识是边学边干的产物,它们是由无数不同的人在分散化的试错选择或突发性重大创新过程中获得的。③ 因此,特定某一具体时间下的知识,不仅有赖于先辈们的知识积累,也有赖于当时人类的实践。同时,知识内含于所有活在地球上的各种人的大脑中,不同人所拥有的大多数知识是特定于其工作地点的,如智利的石墨矿工、加拿大的伐木工人、中国台湾地区的胶水制造者、德国的工具制造者、纽约的商人以及千百万不知名的人参与铅笔的合作,他们均拥有关于铅笔制造过程中的不同知识。另外,对于任何一个主体来说,他并不了解获取某类信息的预期成本与效益,而一旦发生信息搜寻成本,它就成为"沉没成本",因此,信息的搜寻并不服从边际成本等于(边际)预期收益的理性计算,况且,"信息从一无所知变为无所不知的成本,极少有交易者能负担得起这一全过程"。故在实践中,无人愿意获取所需要的全部知识,而是在他认为已付出足够的开支时所获得的信息范围内进行决策,当然,可能事后发现它是一个错误的决策。而获得知识的更为方便的途径是利用他人的知识,但它需要建立能利用众人所拥有的各种专门知识的机制(柯武刚、史漫飞,2000:51—70)。这种机制的作用在于:某一主体可能大体上知道他所寻找的信息的特性和内容,但缺乏某些补充性知识,通过这种机制,他可以找到满足其"信息搜寻"的知识;某一主体可能对某些事物一无所知,通过这种机制,他就会如哥伦布发现美洲新大陆一样地"发现"新知识(Kirzner, 1997)。

可见,人类由于存在"知识问题"(knowledge problem),不可能存在全智全能的理性行为,完备理性不符合人类实际存在状态的假设。而有限理性则是据此而提出的更加符合人类实际的假设,它是人类存在的构造性要

---

① 此为哈耶克的观点,参见哈耶克(2000:459—471)。
② 有关知识的论述,参考了柯武刚、史漫飞(2000:51—70)。
③ 突发性创新也是人类知识演化的原因之一,但相对于试错来说,它不是主要的。

素,同时它也启发我们认识世界、改造世界的不同思路和行为。当然,会计规则的制定必定要考虑人类有限理性的问题。如上所述,能够产生真实会计信息的会计规则,应该与利益相关者重复博弈的纳什均衡——会计域秩序相一致。而要达到这一理想状态,一方面要求完全把握会计域秩序,另一方面要求能够运用会计知识对会计域秩序进行真实的表达。显然,对于任何一个人或一个制定机构来说,他(它)无法完全满足这两方面的要求,其原因在于以下三方面:(1) 会计域秩序是一个动态的过程,它始终处于变动之中;(2) 能够对会计域秩序进行真实表达的会计知识,部分已经在现实中存在,另一部分尚未现实中存在。[①] 如果属于后者,其结果要么是通过会计技术创新予以解决,要么是我们暂时的无所作为;(3) 已经在现实中存在的与此相关的有用知识存在于会计理论界和会计实务界的所有人的脑中。由于制定机构的人员同样是有限理性的,他们不仅不可能具备尚未在现实中存在的知识,而且他们也不可能具备所有与此相关的已在现实中存在的会计知识,更不可能随时把握动态的会计域秩序,因此,会计信息规则性失真是客观存在的,是我们无法回避的重要问题。

四、会计信息规则性失真的证据及我国现状分析

相对于会计信息违规性失真来说,会计信息规则性失真问题显然尚未引起会计界的足够重视,但事实中的确存在会计信息规则性失真的问题,如美国著名的"安然事件"就是一个典型的例子。美国安然公司(Enron Corp.)曾在美国500强公司中排名第七,1995年起被《财富》杂志评为"最富创新能力"的公司,连续六年排名居于微软、英特尔这些大公司之前。但正是这样一个备受业界尊重的超级公司,于2001年12月2日正式申请破产,它是美国有史以来最大规模的一宗破产案。安然公司的股票价格2001年初最高曾达到90.75美元,而申请破产时股票价格一落千丈至50美分。我们关心的问题是投资者为什么在此之前没有知悉安然公司真实的现状。而能够达到这一"理想状况"的原因,主要在于安然公司采用两种方法:一是为能源产品开辟期货、期权和其他复杂的衍生金融工具,对能源商品"金融化";二是利用关联企业结构,避免企业直接的债务负担,同时灵

[①] 如果所有相关的会计知识都已在现实中存在,那么,会计可能也就没有再发展的必要了。

活地扩大企业规模。安然公司有3 000多家关联企业,LJM资本管理公司和马林信托基金是其中的两家。安然公司2000年从LJM资本管理公司的互换协议中至少"受益"5亿美元,2001年"受益"4.5亿美元;而安然公司通过将水厂等剥离给马林信托基金的方式也获得大量资金。由于安然公司对它们所拥有的股份达不到合并会计报表的要求,这样,"受益"成为安然公司的营业利润,取得资金的背后无法反映相应的债务。[①] 的确,包括美国在内的许多国家的会计规则都规定,投资公司在占有被投资公司50%以上股份时才要求编制合并会计报表。而安然公司则运用这一规则,它拥有许多子公司50%的股份,但不需要合并会计报表,从而使利润的来源和负债的存在得到了隐藏。仅从这个角度看,安然公司并没有违背会计规则,而真正的问题却在于有关合并会计报表的会计规则。[②] 当然,我们无法判断这一规则原来是否为会计域秩序,但我们可以肯定的是,利益相关者现在自发选择的结果肯定会不同于原来的规则,即它已不是现时的会计域秩序,它说明会计信息在现时已经发生规则性失真。

实际上,在此之前,会计学界虽然没有明确会计信息规则性失真问题,但还是从会计信息规则性失真的角度对会计提出过严厉的批评,现引用这些批评作为会计信息规则性失真存在的重要证据:

1. 英格兰及北爱尔兰特许会计师协会(ICAEW)下属的会计准则筹划委员会(ASSC, 1975)1975年发布的《公司报告》(Corporate Report)征求意见稿中认为,随着科学技术的发展,经济活动发生日益频繁,企业性质和活动也日趋复杂,社会各部门、企业内外各种利益集团既相互依赖又相互矛盾,这一情况需要企业披露各方面责任履行情况的信息,当今现行财务报表所披露的信息还不能满足各方要求。1991年,英国(ICAEW and The Institute of Chartered Accountants in Scotland, 1991)在《未来财务报告的模式》(The Future Shape of Financial Reports)中指出:(1)现行财务报告关于企业业绩和财务状况的计量,基本上仍是以各企业所使用资源的原始成本或历史成本为依据,这与未来业绩的预测和充分计量并不相关;(2)现行财务报告过于重视盈利的单一计量。在一个复杂性不断增加的世界里,任何单一的数据,都不可能捕捉企业每一个报告期间内影响财富变化

---

① 有关"安然事件"的资料,引自陈志武、杨林(2002)、陈志武、岳峥(2002)。
② 这并不说明安然公司的信息披露上没有过错,至少它的信息披露没有遵循充分性原则。但它与是否编制合并会计报表属于两个不同的问题。

的各个侧面;(3)现行财务报告过于重视利润的计量,而利润是以权责发生制为基础的。长期以来,企业财务报告缺乏对现金流动应有的关注;(4)现行财务报告是向后看的报告,它可能对企业过去业绩和财务状况提供了相当真实而公正的描述,但它不能提供使用者需要的企业未来业绩和财务状况以及现金流动的相关信息;(5)现行财务报告对交易或事项的报告重形式而不重实质。

2. 美国会计团体对现行会计报告提出了严厉的批评,他们认为:(1)会计信息严重地不完整(美国会计学会会计审计委员会);(2)由于企业报告不能面向未来,不能提供有价值的信息,其重要地位正在削弱(AICPA);(3)现行报告不能反映企业经营的风险性和不确定性,其及时性也相当不理想(AICPA);(4)现行报告未能考虑不断出现的非常复杂的交易和事项的确认和计量(AICPA);(5)现行报告不能正确反映企业未来的经济利益,虽然财务会计准则委员会(FASB)将资产定义为"未来的经济利益",但资产的计量大部分采用历史成本,这样,资产的质的规定性和它的量的规定性之间产生了脱节。如果FASB关于资产的定义是科学的,那么,历史成本就不能正确反映资产的本质——未来的经济利益(吴联生,2001d)。

3. 美国芝加哥大学教授戴维森(Sidney Davidson)主编的《现代会计手册》,详细分析了现行财务报表的局限性:(1)资产与负债都需要估计,由于估计者方面的差错与偏见,从而会使财务报表严重失真;(2)由于多种可供选择方法的存在,不同企业和同一企业对一项会计事项可能采用不同方法,这会使净收益和估价产生巨大的差异;(3)不同企业采用不同的资产计价方法,持有同样资产的几个企业,如果它们取得资产的日期及情况有明显的区别,则会有不同的净收益和不同的资产计价;(4)财务报表不反映某些资产和负债,资产如已发现的矿产价值、已发现的天然气或石油的价值、牲畜与木材的增长价值以及公司的自创商誉等,负债如职工的养老金。这些资产和负债不反映在财务报表上,其原因在于它们的数额难以确认,会计师还无法对其在财务报表中进行客观地确定。但是,它们往往能满足多种多样的决策需要;(5)在通货膨胀期间,物价变动使实际成本可能大大地低于现行重置成本,使收支不能相互配比,使货币成为一种不统一的计量单位,同时财务报表也未能对非货币性资产的盈亏和企业作为债务人或债权人发生的盈亏做出反映;(6)财务报表未能反映质量资料与不能数量化的事实,如组织机构的价值、高超的管理能力、某些合同以及积压未交的定货(徐政旦,1985)。

4. 沃尔曼(Wallman,1996)在《会计和财务报告的未来》(The Future of Accounting and Financial Reporting)一文中指出:财务报告正陷入加速失去有用性的困境。说明这一情形的例子很多,例如,传统财务报表现在比过去更不能反映创造财富的资产。无形资产如商标、智力资本、专利权、版权、人力资源等,正为我们创造越来越多的财富,但财务报表未能对其予以很好地反映。一夜之间改变企业经营和风险的风险管理工具日益增多,这就产生了披露及时性问题。

另外,美国二十世纪六七十年代的一系列法庭判例,也表明了会计信息规则性失真的存在。如1969年的"大陆自动销货机"案件中,法庭认为"关键性"测试的实质是资产负债表是否公允地表述了财务状况,而不是公认会计原则,同时法庭进一步认为,遵守公认会计原则是非常重要的证据,但不是确证;1974年的证券交易委员会起诉邦格·朋塔公司案件中,法庭认为,如果在公认会计原则和符合证券法的公司公允表述要求之间存在差异的话,后者具有优先地位;同年的另一起诉案件也要求注册会计师对投资人承担公允反映财务状况的责任,而非仅仅是公认会计原则。这些法庭判决明确指出了会计信息规则性失真的存在,并坚持认为公认会计原则应该达到"公允反映"经济现实的责任,如果不能达到这一要求,它就不能作为注册会计师履行业务的依据。①

另外,顾恩瑟和杨丹青(Guenther and Young,2000)则直接检验了英国、美国、日本、法国和德国的会计盈余与真实经济活动之间关系的差异,他们发现平均资产报酬率和GDP变动百分比之间的关联程度在英国和美国高,而在法国和德国低,这种关联程度在日本也高,说明英国和美国的会计盈余比法国和德国的更接近于真实经济活动,而影响这种差异存在的主要有法律环境、对会计信息的需求、对外部投资者的法律保护和税法与会计的一致程度等四个方面。

以上批评和法院判例针对的大多都是会计规则本身所具有的缺陷,不过,这种缺陷是相对于"客观事实"而言的,从这个角度来看,我们不能直接将其确认为会计信息规则性失真。然而,会计规则以上缺陷的存在,不是利益相关者不希望会计做到的,而是会计由于技术方面的限制而导致的,因此,我们可以推断,会计规则的缺陷也是会计规则与会计域秩序之间的

---

① 原出处不详。参考刘峰(1996:62)。

差异,故它们所导致的会计信息失真属于会计信息规则性失真。事实上,也正是因为存在会计信息规则性失真,会计理论界和实务界才会不断发展会计技术,国际会计准则委员会以及世界各国才会致力于会计准则的制定与完善。近两年来,美国关于高质量会计准则的讨论,体现着他们在提高会计准则质量、降低会计信息规则性失真方向的努力。从这个角度看,会计信息规则性失真一直贯穿于整个会计发展史,它也一直是会计所要解决的重大问题。

我国当然也难免存在会计信息规则性失真问题。1999年,我国上市公司开始实行计提"四项准备"的会计规则,沪深两市966家上市公司当年年报中,因计提"四项准备"使每股收益平均下降0.094元/股,净资产收益率平均下降3.67个百分点(谭青春,2000);"四项准备"的计提对不同公司的盈利影响不同,大约13%的公司集中了样本公司"四项准备"总额的50%,有些公司计提的"四项准备"金额相当高,对公司当年的财务状况和经营成果数据产生相当大的影响,例如,"粤金曼"仅计提"坏账准备"一项就高达9.80亿元(于建国等,2000)。戴奉祥(2001)于2000年7月就"四项准备"计提对上市公司1999年年报主要财务指标的影响程度向300家上市公司进行调查,收回有效问卷87份,问卷回收率为29%。在这87份问卷中,54%的被调查公司认为它对年报主要指标影响"大"或"较大",约38%的被调查公司认为影响"一般",认为影响"很小"的不到5%,只有1家在1998年已执行计提资产减值准备的H股上市公司认为"没有影响"(见表2-2),评价值2.21说明被调查公司从总体上认为"四项准备"对年报主要财务指标影响大,且程度较高。无论从数据上考察,还是从上市公司意见的角度分析,"四项准备"的计提较大地改变了上市公司的业绩,那么,哪个业绩与会计域秩序是一致的呢?的确,我们无法作出明确的判断,但它说明了两个业绩中至少有一个与会计域秩序不一致,而造成这种结果的原因就在于会计规则本身,它就是我国上市公司会计信息规则性失真的一种具体表现。

表2-2 "四项准备"计提对主要财务指标的影响

项目	很大(1)		大(2)		一般(3)		很小(4)		没有(5)		评价值
	次数	比重(%)	次数	比重(%)	次数	比重(%)	次数	比重(%)	次数	比重(%)	
数值	22	25.29	27	31.03	33	37.93	4	4.60	1	1.15	2.21

吴联生(2000)于1998年10月就我国投资者对上市公司会计信息需求进行调查,调查对象包括100个机构投资者和100位个人投资者,收回的有效问卷分别为30份和100份。部分调查结果表明:(1)绝大多数机构投资者认为上市公司"非常需要"或"需要"披露经营业务分部信息、市场(国家)分部信息和产地(国家)分部信息,其评价值分别为1.73、2.07和2.03,说明它们需要程度高;绝大多数个人投资者也认为,上市公司"非常需要"或"需要"披露经营业务分部信息、市场(国家)分部信息和产地(国家)分部信息,其评价值分别为1.69、2.10和2.03,也说明了其需要程度高(见表2-3)。(2)分别有68.97%和65.91%的机构投资者和个人投资者需要上市公司财务预测信息,90.00%和65.91%的机构投资者和个人投资者需要上市公司人力资源信息,66.67%和65.91%的机构投资者和个人投资者需要上市公司管理部门对会计信息的分析,90.00%和65.91%的机构投资者和个人投资者需要上市公司的物价变动影响的信息(见表2-4)。然而,我国上市公司会计信息披露制度相应的规定要求:(1)上市公司披露的人力资源信息仅仅包括公司董事、监事与高级管理人员的基本情况和专业简历以及年度报酬情况。实际上,这是远远不够的。固然,公司董事、监事与高级管理人员的个人能力对公司的发展起着重要的作用,但是,技术人员的素质对公司发展仍起着举足轻重的作用,职员总体结构也深深影响着公司的发展,等等;(2)上市公司披露的经营业务分部信息和市场地理分部信息极为简单,而且也未披露生产地理分部信息;(3)上市公司不需要披露财务预测信息、管理部门对会计信息的分析以及物价变动的影响等会计信息。可见,在投资者所需要的人力资源信息和分部信息方面,上市公司会计信息披露制度对此要求不够;投资者需要的财务预测信息、管理部门对会计信息的分析以及物价变动的影响等会计信息,上市公司会计信息披露制度则完全没有涉及。从调查的结果来看,我国上市公司会计信息披露制度所要求披露的会计信息,未能满足投资者的信息需求。如果这种会计信息需求能够在一定程度上代表会计域秩序的话,那么,它说明会计规则与会计域秩序之间存在差异,即它是我国的一种会计信息规则性失真。

表 2-3 投资者对上市公司分部信息的需求

问题	投资者	非常需要(1)		需要(2)		不需要(3)		毫无需要(4)		评价值
		次数	比重(%)	次数	比重(%)	次数	比重(%)	次数	比重(%)	
对于从事多种业务经营的上市公司,其是否需要分别提供各种经营业务的信息?	机构	10	33.33	18	60.00	2	6.67	0	0	1.73
	个人	38	42.22	42	46.67	10	11.11	0	0	1.69
对于在不同国家销售产品的上市公司,其是否需要分别提供不同市场区域的信息?	机构	6	20.00	17	56.67	6	20.00	1	3.33	2.07
	个人	18	20.00	46	51.11	25	27.78	1	1.11	2.10
对于在不同国家生产产品的上市公司,其是否需要分别提供不同生产区域的信息?	机构	4	13.33	22	73.33	3	10.00	1	3.33	2.03
	个人	19	21.11	49	54.44	22	24.44	0	0	2.03

表 2-4 投资者的会计信息需求统计表

项目	机构投资者				个人投资者			
	需要		不需要		需要		不需要	
	次数	比重(%)	次数	比重(%)	次数	比重(%)	次数	比重(%)
财务预测信息	20	68.97	9	31.03	58	65.91	30	34.09
人力资源信息	27	90.00	3	10.00	68	77.27	20	22.73
管理部门对会计信息的分析	20	66.67	10	33.33	69	77.53	20	22.47
物价变动的影响	27	90.00	3	10.00	61	67.78	29	32.22

当然,我们还没有严格系统的证据来说明我国会计信息规则性失真的程度。事实上,要证明这一点,难度非常大,其原因主要在于我们无法知道真正的会计域秩序是什么。[①] 不过,我们已经证明,我国同样存在会计信息规则性失真,治理会计信息规则性失真则是我国提高会计信息质量的重要组成部分。

五、提高会计规则质量:美国经验分析及其对我国的启示

会计信息规则性失真的客观存在以及会计域秩序的不可完全把握性,并不意味着人类在提高会计规则质量以治理会计信息规则性失真方面无能为力。相反,我们可以建立一种机制,用以尽可能随时了解动态的会计域秩序,用以运用会计理论界和会计实务界的尽可能多的人的知识对会计域秩序进行正确的表达。美国在一定程度上已经在会计准则制定方面建

---

① 上文已经指出,这并不妨碍我们对会计信息规则性失真的治理。

立起这种机制。

美国财务会计准则委员会(FASB)制定会计准则,采用的是"充分程序"(due process),它包括以下 8 个具体步骤[①]:

(1) 筛选报告的问题并确定列入委员会日程表的项目;

(2) 任命由会计界和工商界谙熟会计知识的人员组成专题研究组。财务会计准则委员会的技术人员在向专题研究组进行咨询的基础上,拟订一份关于所报告问题的讨论备忘录,讨论备忘录陈列基本问题和所考虑的解决方法;

(3) 讨论备忘录向公众公开至少 60 天,以便公众审验;

(4) 举行公开听证会,以征求各种可能情况下准则的优点和缺点;

(5) 根据所收到的各种口头和书面的意见,委员会拟订一份要制定的财务会计准则公告的征求意见稿。与讨论备忘录所不同的是,征求意见稿明确表明委员会对所报告问题的明确态度;

(6) 征求意见稿至少向公众公开 30 天,以便公众审验;

(7) 再次举行公开听证会,以收集关于征求意见稿优点和缺点的意见;

(8) 委员会再次根据所收到的各种口头和书面的意见,作出决定:① 采纳征求意见稿,并作为正式的财务会计准则公告;② 对征求意见稿进行修改,并再次遵循"充分程序";③ 推迟发布准则并将项目保持在日程表上;④ 不发布准则,并将该项目从日程表上取消。

根据这 8 个步骤,美国财务会计准则委员会对动态会计域秩序的把握和对他人知识利用的机制,具体表现为以下三个方面:(1) 任命由会计界和工商界谙熟会计知识的人员组成专题研究组;(2) 讨论备忘录向公众公开至少 60 天,并就讨论备忘录举行公开听证会以征求意见;(3) 根据公众意见所拟订的征求意见稿,再次向公众公开至少 30 天,并就征求意见稿再次举行公开听证会以征求意见。可以说,整个会计准则的制定过程,就是财务会计准则委员会了解动态会计域秩序、运用他人知识的过程,这也是美国高质量会计准则的制度基础。当然,公众的参与是决定会计准则质量的重要因素;而公众能否参与,一方面与是否存在这样一个参与的机会相关,另一方面与会计准则是否严格执行并直接影响到利益相关者的利益相关。显然,公众参与机会在美国会计准则的制定过程中是存在的,而美国

---

① 转引自 Riahi-Belkaoui(1997:71—72)。

会计准则执行情况如何,我们尚没有充分的证据来得出结论。但是,美国利益相关者参与会计准则制定的积极程度则是有目共睹的。早在折旧观念形成之前,美国铁路业对耐用资产如机车的开支要么作为当期的支出,要么不计提折旧,当时就有人对此提出批评:直接将资本支出借记收入,对现有股东不公平,因为他们重视当期股利;不考虑折旧和维修,又将是以损害长期股东利益为代价,来便利投机性的股东(Littleton, 1933)。20世纪70年代开始,利益相关者参与会计准则的制定开始成为一个实质性问题,如1947~1948年的关于重置成本折旧法与历史成本折旧法的论争,其关键就在于不同方法对税制改革、工资谈判影响等的经济后果;1958年的关于递延税款贷项处理的论争则隐含着企业能否发放债券和政府财政政策的激励作用的经济后果;1965年的关于分部报告问题的论争则实质上是关注企业兼并的经济后果;1967~1969年美国投资银行家联合会对一项没有坏处的准备金的激烈反对,实际上是出于对它给债券市场所带来的影响;1968~1971年银行业反对将坏账准备和证券销售损失计入净收益,因为这将对银行业绩产生不利的影响[①],等等。

按照财政部会计司(1994)的文件,我国会计准则的制定程序包括以下四个阶段:

第一阶段——计划阶段:提出并确定年度拟定的具体准则项目,报部领导批准后,具体分工落实到起草小组和起草人,并确定起始时间。

第二阶段——起草阶段:由起草人广泛搜集并研究国内外资料、文献,了解国内外实际做法,得出初步结论。其中,德勤咨询专家组重点对主要国家和地区以及国际会计准则进行比较研究,并提出比较研究报告,供起草人参考。

第三阶段——起草阶段:起草人根据自己掌握的资料,以及德勤咨询专家组提供的比较研究报告,进一步总结研究成果,起草研究报告,对正式起草准则需要涉及的问题进行全面论证。在此基础上起草具体准则初稿,经所在起草小组讨论后,形成讨论稿。

讨论稿完成后,在核心小组或会计准则组内讨论,提出修改意见,起草人根据会议讨论的意见,提出征求意见稿,报司领导审阅。

第四阶段——征求意见阶段:经部领导批准,对具体准则征求意见稿组织征求意见。先在国内咨询专家组范围内征求意见;然后发各省、自治

---

① 具体内容请参见 Zeff(1978)。

区、直辖市和计划单列市财政厅(局)以及国务院有关业务主管部门,组织征求本地区和本部门的意见。必要时,还将通过座谈会等形式征求意见。

起草人对各方面的意见进行总结,提出征求意见总结报告,报核心小组审阅和讨论。起草人根据核心小组的意见,对征求意见稿进行修改,经司领导审阅后,形成具体准则草案。

从上述制定会计准则的四个阶段来看,我国会计准则委员会也力求建立起了解动态会计域秩序、充分运用他人知识的机制,这种机制主要体现在以下两个方面:① 组建了德勤咨询专家组和国内咨询专家组参加会计准则的制定;② 向社会公开征求意见,包括直接向会计专家征求意见,以及通过行政力量向社会公众征求意见,拟订征求意见稿。但是,相对于美国的"充分程序"来说,我国会计准则制定的"充分程序"在一定程度上尚存在不足,主要体现在以下几方面:

(1) 会计准则起草人根据自己掌握的资料以及德勤咨询专家组提供的比较研究报告所起草的研究报告,没有向社会公众公开。实际上,这种研究报告相当于美国财务会计准则委员会的讨论备忘录。而美国财务会计准则委员会的讨论备忘录向社会公众传递了该项目中所存在的问题以及可能的解决途径,这些内容不带有任何财务会计准则委员会的倾向性意见。讨论备忘录向社会公众传递这些知识,无非是为了让社会公众掌握更多的相关知识,更加能够结合各自所处的环境,对会计准则的经济后果进行更为有效的讨论。我国没有公开起草人的研究报告,征求意见稿中也没有相关的内容,这在一定程度上不便于社会公众更为有效地参与会计准则的讨论。

(2) 我国会计准则向社会公众征求意见的时间不够稳定。美国会计准则在制定过程中,向社会公众征求意见的时间最低限度为90天,而我国在会计准则的征求意见时间安排方面没有固定的规定,实际中各会计准则征求意见的时间也很不相同。第一批会计准则的征求意见时期为1994年2月14日—1994年3月20日,大约35天;第二批会计准则的征求意见时期为1994年7月6日—1994年9月30日,大约85天;第三批会计准则的征求意见时期为1995年4月21日—1995年6月30日,大约70天;第四、五批会计准则的征求意见时间在2个月左右。这种不稳定的征求意见时间安排,在某种程度上也会影响社会公众参与会计准则的讨论。

(3) 我国利益相关者较少参与会计准则的制定。对于我们来说,要想知道会计准则委员会到底收到多少意见以及分别是哪些人提出意见,的确不太容易。不过,《会计研究》杂志曾在1995年10月至1997年6月间开辟"会计准则大家谈"专栏,专门刊登社会各界人士对会计准则的意见。根据我们的统计,在该专栏刊登的40篇论文中,其中18篇论文是关于会计准则理论的,24篇论文是关于会计准则内容的。从论文作者的角度来看,18篇关于会计准则理论的论文中,除了1篇是由国家机关干部和1篇是由会计师事务所从业人员撰写以外,其余的均为高校教师和研究人员的论文;24篇关于会计准则内容的论文中,只有1篇是由会计师事务所从业人员撰写的以外,其余论文的作者均为高校教师和研究人员。① 这说明会计实务界很少参与会计准则的讨论,特别是与会计准则直接利益相关的工商界,几乎没有对会计准则发表任何意见。②

因此,我国会计准则制定程序的改善可以从以下几方面着手:首先向社会公众公开更多的已有的相关知识,特别是世界各国和国际会计准则委员会的成熟经验,以便社会公众结合其所处环境,理解会计准则及其相应的利益关系;其次建立更加公开化制度化的征求意见制度,即使是会计准则正式颁布之后,这种制度仍然是必要的,因为知识不是一个静态的概念(柯武刚、史漫飞,2000:55),会计域秩序总是处于不断变化之中,会计准则随着环境的变化而不断进行修订则是必然的,而这种制度是及时对会计准则进行恰当修订的基础;至于工商界对会计准则的冷漠问题,其原因主要在于他们不了解或者没有体会到会计准则可能给他们所带来的经济后果。③ 这一情况在会计准则制定历史不长的国家或地区都曾经存在过。如美国虽然对会计准则经济后果的争论早在1941年就已开始,但真正让会计准则制定机构感觉到他们积极参与会计准则的制定过程的则是20世纪60年代(Zeff,1978),而美国会计准则的制定在1938年就已开始;另外,中国台湾地区从二十世纪六·七十年代开始制定会计准则,但企业对1991年底通过的"退休金会计处理准则"仍然毫无反应,虽然它将大幅度提高费用,特别是一些历史较长、劳动力密集的企业的费用,降低账面利润,直到该准则真正实施后,才引起企业界的强烈反对。④ 应该说,随着会

---

① 数据来源于厦门大学白云霞博士和笔者对《会计研究》杂志所发表论文的统计。白云霞博士和笔者在相互独立的情况下对此进行统计,结果得出一致的结论。

② 该结论只是根据这些论文的作者得出。可能事实并非如此,工商界的意见可能不会形成用以发表的文字。但这可以从一方面表明工商界对会计准则的冷漠。

③ 其根本原因在于我国会计准则没有得到有效的执行,具体分析请见吴联生(2001c:132—154)。

④ 参考刘峰(2000:212—213)。

计准则在社会经济中不断发挥作用,社会公众对会计准则性质了解的增多,社会公众参与会计准则制定的积极性也将会得到不断的提高。目前能够采取的措施一方面在于严格会计准则的执行,以使利益相关者尽早体会到会计准则对他们利益的影响,另一方面,会计准则制定机构应该采取措施提醒社会公众会计准则所带来的可能的经济后果也是必要的,这也将有力地促进社会公众参与会计准则的制定。

需要特别指出的是,"充分程序"并不是惟一了解动态会计域秩序、运用他人知识的机制,同时,它能否起到应有的作用,还取决于制定机构对它们的运用。这正如贝克奥伊(Riahi-Belkaoui,1997:72)所指出的那样:公众的参与并没有改变有关会计准则的真正决策是由财务会计准则委员会成员所做出的事实。可见,如何更好地运用"充分程序",以及如何建立更优的可替代程序,仍是目前会计规则制定过程中所需要解决的重要问题。

六、我国会计信息规则性失真的治理方案

根据上文研究的结论,我们可以总结出我国会计信息规则性失真的治理方案。事实上,会计信息规则性失真的治理方案,实际上就是会计规则的制订方案。由于本文研究的是一般意义上的会计信息规则性失真问题,而我国一般会计规则的制定是财政部会计司的职责范围,因此,我们所给出的会计信息规则性失真的治理方案也主要供财政部会计司参考。至于中国证券监督管理委员会与财政部在会计规则制定方面的权利安排问题,不是本文研究的问题,会计规则的制订方案也不包括这部分的内容。

我们所提出的我国会计规则制订方案,包括会计规则制定机构及其成员、会计规则制定的经费来源和使用、会计规则制定程序等三部分内容,具体如下:

(一) 会计规则制定机构及其成员

会计规则由财政部会计司组织制定。为高质量地制定会计规则,财政部会计司设立会计规则核心小组、会计规则课题组和会计规则评审小组。核心小组负责总体计划和重大问题的研究、讨论、决策,或向财政部领导提出决策建议;核心小组下设会计规则应急小组,应急小组辅助核心小组负责了解新环境中的新问题,分析确定新的立项,同时以分析报告的形式提

供专家和职业界的意见,供核心小组决策参考,此外,具体内容可以供具体课题组参考。课题组由专家组和起草小组组成,具体负责具体会计规则的制定;其中,专家组包括国际专家组和国内专家组。国际专家组负责总结国际上(包括国际会计准则委员会、美国、英国、法国、日本等)相关的规则和实践方面的成果,并对其经济后果进行分析,成果以"国际专家组分析报告"的形式体现;国内专家组负责总结国内相关的规则和实践方面的成果,并对其经济后果进行分析,成果以"国内专家组分析报告"的形式体现;起草小组负责具体会计规则的起草和修改。评审小组负责整理、分析社会公众对会计规则的意见,并将意见提供给起草小组,并对会计规则的修改情况进行分析和报告。

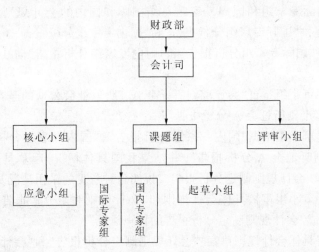

核心小组成员必须由总体把握会计规则制定进程的人员组成,而应急小组人员则必须正任职于对紧急情况敏感的位置,国际专家组由熟悉国际会计准则和美国、英国、法国和日本等国会计规则和会计实践的专家组成,国内专家组则由熟悉国内会计规则和会计实践的专家组成,起草小组由熟悉国内具体情况、具备深厚会计理论和会计实践经验的会计专业人员组成,评审小组由熟悉国内具体情况、具备深厚会计理论和会计实践经验的会计专家组成。在所有成员中,起草小组成员为财政部会计司专职公务员,其余的均为兼职人员。

(二) 会计规则制定的经费来源和使用

会计规则制定经费主要来源于财政拨款,除此之外,还可以由接受捐赠(规定最高捐赠限额)、出版相关会计规则出版物的盈余部分予以补充。

经费主要使用于相关的调研活动、兼职人员必要的工作补贴,但不用于兼职人员的津贴与奖金。

(三) 会计规则的制定程序

计划阶段

根据核心小组(应急小组)提供的分析报告提出并确定各年度拟制定具体规则的项目,报部领导批准后,具体分工落实到专家组和起草小组及起草人。

起草阶段

1. 国际专家组和国内专家组总结国际和国内的会计规则和会计实践,分别提供"国际专家组分析报告"和"国内专家组分析报告"。

2. 将"国际专家组分析报告"和"国内专家组分析报告"向社会公众公开30天;

3. 评审小组举行"会计准则听证会A",听取社会公众的基本意见,并形成"会计准则听证会A分析报告";

4. 起草小组根据"国内专家组分析报告"、"国内专家组分析报告"和"会计准则听证会A分析报告",并结果我国具体情况,起草具体会计规则,并形成"会计规则制定分析报告",说明各种意见的采用情况及其原因。

5. 评审小组审核具体会计规则和"会计规则制定分析报告",并将审核结果形成"会计规则制定分析报告的评审意见";

6. 将具体会计规则草案、"会计规则制定分析报告"和"会计规则制定分析报告的评审意见"向社会公开30天;

7. 评审小组举行"会计准则听证会B",听取社会公众的基本意见,并形成"会计准则听证会B分析报告";

8. 起草小组根据"会计准则听证会B分析报告"对会计规则草案进行修改。

审批阶段

9. 修改后的会计规则草案在评审小组内部进行投票表决;

10. 将评审小组通过的会计规则草案上报会计司领导和财政部审批。

后续阶段

核心小组(应急小组)定期对已经颁布实施一段时间的具体会计规则进行调查研究,确定会计规则的修改工作安排,修改程序参照会计规则制定程序进行。

七、小结

  秩序是那些追求自己的目的的个人之间自发生成的,而非人之设计的结果,它是制度的内在决定因素;而制度既包括自发结果的制度,也包括人为设计结果的制度。制度变迁的原因可能在于秩序的变迁,也可能在于制度与秩序的不一致性。会计规则作为一种制度,它也包括两类:第一类会计规则是自发的结果;第二类会计规则是人为设计的结果;与会计规则相对应的秩序则为"会计域秩序",它是人们在会计方面的自生自发的结果。第一类会计规则就是会计域秩序的直接表达,而第二类会计规则则是以会计域秩序为基础而人为设计的结果。

  与会计域秩序的一致性是会计信息质量的基本标准,而会计域秩序是利益相关者在制度环境、资源的供求关系、资源投入量、资源的信号显示机制、资源的可抵押性、资产专用性、风险选择以及组织化程度等因素的影响下,以其所投资的资源为依据而进行的利益冲突与协调的结果,并且这些因素始终处于变动过程之中,这决定会计信息的真实性是一个动态过程。由于人类存在"知识问题",不可能存在全知全能的理性行为,制定机构的组成人员不仅不可能具备尚未在现实中存在的知识,而且他们也不可能具备所有与此相关的已在现实中存在的会计知识来对会计域秩序进行恰当的表达,更不可能随时把握动态的会计域秩序,因此,会计信息规则性失真是客观存在的。解决会计信息规则性失真的关键在于建立一种机制,用以尽可能随时了解动态的会计域秩序,用以运用会计理论界和会计实务界的尽可能多的人的知识对会计域秩序进行正确的表达。借助理论研究结论,在对美国会计准则制定安排进行对比分析的基础上,对完善我国会计准则的制定安排问题提出了具体的改进措施。

参考文献

财政部会计司,1994,关于印发《企业会计准则第 X 号——应收账款(征求意见稿)》等六项具体准则(征求意见稿)的通知,(94)财会字第 32 号。
布坎南,1989,《自由、市场和国家》,上海三联书店、上海人民出版社。
陈志武、杨林,2002,"谁揭穿安然",《财经》第 1 期。

陈志武、岳峥，2002，"安然之谜"，《财经》第1期。

戴奉祥，2001，《企业会计政策选择研究》，中南财经政法大学博士学位论文(打印本)。

邓正来，1998，《自由与秩序:哈耶克社会理论研究》，江西教育出版社。

郭道扬，1984，《会计发展史纲》，中央广播电视大学出版社。

郭道扬，1999，《会计大典》第二卷《会计史》，中国财政经济出版社。

哈耶克，2000，《经济、科学与政治》，冯克利译，江苏人民出版社。

哈耶克，2001，"秩序辩"，邓正来译，载《风险、不确定性与秩序》，北京奥尔多投资研究中心主编，中国财政经济出版社。

柯武刚、史漫飞，2000，《制度经济学:社会秩序与公共政策》，韩朝华译，商务印书馆。

刘峰，1996，《会计准则研究》，东北财经大学出版社。

刘峰，2000，《会计准则变迁》，中国财政经济出版社。

诺思，1994，《制度、制度变迁与经济绩效》，上海三联书店、上海人民出版社。

青木昌彦，2001，《比较制度分析》，周黎安译，上海远东出版社。

谭青春，2000，"年报水分会挤掉多少——四项计提对上市公司盈利指标影响的定量分析"，湘财证券研究报告。

唐寿宁，1998a，"投资活动中的秩序"，载《个人选择与投资秩序》，中国社会科学出版社，pp.23—77。

唐寿宁，1998b，"两种投资秩序及其碰撞"，《经济研究》，12:69—77。

唐寿宁，1999，《个人选择与投资秩序》，中国社会科学出版社。

吴联生，2000，"投资者对上市公司会计信息需求的调查分析"，《经济研究》，4:41—48。

吴联生，2001a，"企业会计信息违法性失真的责任合约安排"，《经济研究》，2:77—85。

吴联生，2001b，《上市公司会计信息披露制度:理论与证据》，厦门大学博士后研究报告。

吴联生，2001c，"上市公司会计信息披露制度的形成与实施:一个分析框架"，《风险、不确定性与秩序》，北京奥尔多投资研究中心主编，中国财政经济出版社。

吴联生，2001d，《上市公司会计报告研究》，东北财经大学出版社。

西蒙，1989，《现代决策理论的基石》，杨砾、徐立译，北京经济学院出版社。

徐政旦，1985，"财务报表——收益表和资产负债表"，《现代会计手册》，中国财政经济出版社。

杨瑞龙、周业安，2000，《企业的利益相关者理论及其应用》，经济科学出版社。

于建国等，2000，"四项计提未明显影响业绩——1999年四项计提对公司业绩影响的实证分析"，《中国证券报》6月8日。

张维迎，1995，《企业的企业家——契约理论》，上海三联书店、上海人民出版社。

张维迎，1996，"所有制、治理结构与委托——代理关系:兼评崔之元和周其仁的一些观点"，《经济研究》，9:3—15。

周其仁，1996，"市场里的企业:一个人力资源与非人力资源的特别合约"，《经济研究》，

6:71—79.

Bowles, S., 2000, *Economic Institutions and Behavior: An Evolutionary Approach to Microeconomic Theory*, book manuscript.

Calvert, R.L., 1995, "Rational Actors, Equilibrium, and Social Institutions", in Knight J., and I. Sened, 1995, *Explaining Social Institutions*, Ann Arbor, University of Michigan Press.

Greif, A., 1989, "Reputation and Coalitions in Medieval Trade: Evidence on the Maghribi Traders", *Journal of Economic History*, 49(4): 857—882.

Greif, A., 1994, "Cultural Beliefs and the Organization of Society: A Historical and Theoretical Reflection on Collectivist and Individualist Societies", *Journal of Political Economy*, 102, pp.912—950.

Greif, A., P. Milgrom, and B. Weingast, 1994, "Coordination, Commitment and Enforcement: The Case of the Merchant Guild", *Journal of Political Economy*, 102(5): 745—776.

Guenther, D. A., D. Young, 2000, "The Association between Financial Accounting Measures and Real Economic Activity: a Multinational Study", *Journal of Accounting and Economics*, 29(1): 53—72.

Hardin, G., 1968, "The Tragedy of the Commons", *Science*, 162(3859): 1243—1248.

Hayek, F.A., 1937, Economics and Knowledge, *Economica*, 4(13):33—54.

Hayek, F.A., 1960, *The Constitution of Liberty*, London and Chicago.

Hayek, F.A., 1967, *Studies in Philosophy, Politics and Economics*, Routledge & Kegan Paul.

Hayek, F.A., 1973, *Law, Legislation and Liberty: Rules and Order*, vol. 1, University of Chicago Press, and Routledge & Kegan Paul.

Hurwicz, L., 1993, Toward a Framework for Analyzing Institutions and Institutional Change, in Bowles S., H. Gintis and B. Gustafsson, eds., 1993, *Markets and Democracy: Participation, Accountability, and Efficiency*, Cambridge University Press.

Hurwicz, L., 1996, Institutions as Families of Game Forms, *Japanese Economic Review*, 47(1): 13—132.

Kirzner, I.M., 1997, Entrepreneurial Discovery and the Competitive Market Process: an Austrian Approach, *Journal of Economic Literature*, 35(1): 60—85.

Knight, F., 1921, Risk, *Uncertainty and Profit*, New York, A. M. Kelley.

Kreps, D.M., 1990, *Game Theory and Economic Modelling*, Claredon Press.

Littleton, A. C., 1933, *Accounting Evolution to* 1900, New York, 1933, Garland Reprint, 1988.

Menger, C., 1883[1985], *Investigations into the Method of the Social Sciences with Special Reference to Economics*, New York University Press.

Milgrom, P., D. North and B. Weingast, 1990, "The Role of Institutions in the Revival of Trade: The Law Merchant, Private Judges, and the Champagne Fairs", *Economics and Politics*, 2(1): 1—23.

Nelson, R., 1994, "The Co-evolution of Technology, Industrial Structure, and Supporting Institutions", *Industrial and Corporate Change*, 3(1): 47—63.

North, D., 1990, *Institutions, Institutional Change and Economic Performance*, Cambridge University Press.

North, D., 1995, "Five Propositions about Institutional Change", in Knight J., and I. Sened, 1995, *Explaining Social Institutions*, Ann Arbor, University of Michigan Press.

Riahi-Belkaoui, A., 1997, *Research Perspectives in Accounting*, An Imprint of Greenwood Publishing Group, Inc.

Schotter, A., 1981, *The Economic Theory of Social Institutions*, Cambridge University Press.

Simon, H. A., 1976, *From Substantive to Procedural Rationality*, in S. J. Latsis ed., Method and Appraisal in Economics, Cambridge and New York, Cambridge University Press.

Sugden, R., 1989, "Spontaneous Order", *Journal of Economic Perspectives*, 3(4): 85—97.

Sugden, R., 1986, *The Economics of Rights*, Co-operation and Welfare, Basil Blackwell.

The Accounting Standards Steering Committee(ASSC), 1975, *Corporate Report*.

The Institute of Chartered Accountants in England and Wales(ICAEW) and The Institute of Chartered Accountants in Scotland, 1991, *The Future Shape of Financial Reports*.

Veblen, T. B., 1909[1961], "The Limitation of Marginal Utility", originally published in *Journal of Political Economy* 17 and reprinted in *The Place of Science in Modern Civilization and Other Essays*, N. Y., Ressell & Ressell.

Wallman, S. M. H., 1996, "The Future of Accounting and Financial Reporting: The Colorized Approach", *Accounting Horizons*, 10(2): 138—148.

Williamson, O., 1975, *Markets and Hierarchies: Analysis and Antitrust Implication*, New York, The Tree Press.

Yong, H. P., 1998, *Individual Strategy and Social Structure: An Evolutionary Theory of Institutions*, Princeton University Press.

Zeff, S. A., 1978, "The Rise of 'Economic Consequences'", *Journal of Accountancy*, 146(6): 56—63.

第三章
信息不对称与会计信息违规性失真

会计规则是会计信息产生的依据,在不考虑会计规则质量问题的情况下,会计规则的执行情况如何,便直接决定会计信息的质量。本章分析会计规则执行者故意违背会计规则所产生的会计信息违规性失真问题。首先从企业理论的角度对会计信息违规性失真的客观存在进行理论分析,然后给出会计信息违规性失真的证据并对我国会计信息违规性失真的现状进行分析,最后结合我国的具体情况,详细讨论会计信息违规性失真的治理措施,包括会计信息违规性失真的责任安排、有效会计监管实施的策略、政府审计质量保持机制与注册会计师审计质量保持机制等。

一、会计信息违规性失真客观存在的理论分析

企业作为一种经济制度,它一直是经济学家们所研究的最为重要也是最为基本的课题。新古典经济学以稳定偏好性、理性选择和相互作用的均衡结构三个假设为前提,认为经济体系就是一个由参数和变量构成的联合方程组表示的一般化的均衡体系,其中参数即为经济环境,变量则是由经济体系本身所决定的,方程代表均衡条件。在这种理论体系中,企业就是将若干种投入转化为产出的生产性单位,它所能做的就是从均衡体系中得出最优均衡解或均衡条件。[①] 可见,新古典经济学只把企业看做一个生产函数,企业内的制度结构根本不在新古典经济学的讨论范围之内(荣兆梓,1995),这样,企业行为背后的决定因素被忽视了。直到1937年,科斯(R. H. Coase)的《企业的性质》一文的发表并于20世纪70年代引起经济学界的重视,开始将企业理论的研究带入到关注企业内部利益关系(股东和经理的利益关系)的新领域,给企业理论研究带来革命性的变革。科斯(Coase, 1937)从强调劳动与一般商品的不同特性,认为劳动的交易契约是一个不完全契约,在它的交易上,企业制度将比市场制度具有比较成本优势,企业就是价格机制的替代物。在此基础上,经济学者沿着科斯所开辟的分析企业内部利益关系的研究思路,从各个角度对企业契约进行了深入研究,如阿尔钦和德姆塞茨(Alchian and Demsetz, 1972)指出企业契约中所存在的团队生产与监督问题,企业与市场的区别在于信息流的差异;詹森和麦克林(Jensen and Meckling, 1976)则从代理关系的角度详细分析了

---

① 参考了杨瑞龙、周业安(2000:3—27)。

企业中所存在的利益冲突和监督控制问题,等等。为方便起见,我们将立足分析企业内部利益关系而研究企业契约的理论,统称为科斯企业理论。应该说,借助契约从内部利益关系的角度来解读企业,是科斯企业理论的重大贡献。

然而,科斯企业理论关注的仅仅是经理人员和股东之间的利益关系,并认为企业是由股东所拥有的,为了能够解决监督不力的问题,可以让经理人员拥有部分剩余所有权。然而,将企业内部利益关系视同为经理人员和股东之间的利益关系,已经遭受到相当的批评,如法码和米勒(Fama and Miller, 1972)指出,股东的决策不能完全保护债权人的利益,这表明企业内部利益关系除了经理人员和股东之间的利益关系以外,债权人与他们之间的利益关系也是企业内部利益关系的组成部分;另外,科斯企业理论也对现实中的某些具体问题无法给出恰当的解释,如现实中的企业为什么愿意承担社会责任(Berle and Means, 1967),仅仅考虑经理人员和股东利益关系的企业理论,不可能比较圆满地对此作出回答,因为企业承担社会责任意味着社会公众的利益关系也是企业内部利益关系的组成部分。因此,如何克服科斯企业理论视野过于狭隘的局限而从更广泛的角度来解读企业,并以此为基础来解释企业行为的特征,具有重要的理论价值和现实意义。

事实上,一个企业能否存在,股东的投入和经理人员的经营管理的确至关重要,但是,它们只是企业存在的必要条件而非充分条件。首先,企业总是存在于社会公共环境之中,它必定要耗费社会公共资源或对社会公共环境产生影响,如企业的运转必须使用能源,企业的生产可能给空气、水源带来一定程度的污染。如果社会公众不同意企业运用能源①,或者社会公众不能接受企业给社会公共环境所带来的负面影响,那么企业就不可能存在;其次,债权人的财务资本是企业重要的财务资金的来源,它们已成为企业生存与发展的重要资源,如果缺少债权人的财务资源,很多企业可能都已走向灭亡;另外,企业的存在与供货商和消费者也是分不开的,很明显,一个企业无论缺少供货商还是缺少消费者,它也是无法存在的。如果企业的供货商或消费者比较分散,其中一个或若干个供货商或消费者的变动可能对企业的生产经营产生的影响不大,但是,如果企业比较依赖于某一个供货商或消费者,那么,这个供货商或消费者对于企业的生存就会至关重

---

① 社会公共资源属于社会公众所有。至于是否同意企业对公共资源的运用,则是由政府代表社会公众作出决定。但是,从实质上看,它仍然是社会公众的权利。

要;企业为了维持与消费者和供应商的关系,也要发生一些支出,用于直接沟通或广告等;企业虽然发生了支出,但消费者和供应商并没有直接获得财务上的收入,相反他们由此获得企业发展状况的信息,为他们自己的决策提供重要的依据,从而为他们未来经济利益的获得奠定基础。最后,企业的生存离不开职工的劳动,显然,如果企业缺少职工的劳动,所有生产要素的投入就不会产生任何产出,企业必然是不可能生存的,而且企业的效益直接决定于职工的劳动效率。总之,企业之所以能够存在,它不仅与股东和经理人员有关,而且与社会公众、债权人、供应商、消费者以及职工紧密相关。反过来看,企业的存在与否以及发展如何,也与他们的利益相关。基于这种考察,我们可以将股东、经理人员、债权人、供应商、消费者、职工以及社会公众统称为企业的"利益相关者"(stakeholders)。也就是说,企业存在的充分必要条件是企业利益相关者通过契约将相应的资源投入到企业中来。具体来说,通过企业契约的谈判,股东和债权人投入财务资源,经理人员和职工投入人力资源,供应商和消费者投入关系资源,社会公众投入社会公共资源。从这个角度来看,企业是利益相关者参与的一系列契约的组合,其中利益相关者包括企业赖以生存和利益受企业影响的所有主体。

企业是社会公众合作投资的一个具体项目,它是股东、管理者、职工、债权人、供货商、购货商以及社会公众等利益相关者参与的一系列契约的联结。[①] 其中,人力资源所有者与非人力资源所有者之间的契约是企业契约的重要组成部分,也是企业契约区别于其他市场契约的特性所在(周其仁,1996)。人力资源所有者与非人力资源所有者在签订这一契约时的关系取决于人力资源与非人力资源的特性。[②] 人力资源所有者是凭借其所拥有的人力资源而参与企业的;而股东和债权人则将财务资源投入企业,供应商和消费者则将关系资源投入企业,社会公众则将公共资源投入企业。人力资源与这些非人力资源的区别,就在于人力资源与其所有者是不可分离的(Knight,1921)。这一特征决定了人力资源所有者直接经营管理企业,这样,经营者与其他利益相关者之间在企业的财务状况、经营成果以及资金流动方面便存在信息不对称。正是由于这种信息不对称,加之企业

---

① 契约不仅包括"明确契约"(explicit contract),还包括"隐含契约"(implicit contract),参见 Zingales(2000)。
② 有些人可能既是人力资源所有者,又是非人力资源所有者。

契约的不完备性(incompleteness),它不能完全明确说明人力资源所有者在什么情况下干什么、得到什么,以及负怎样的责任;同时,人力资源所有者对企业剩余总是握有相当的"自然控制权"(张维迎,1996),因此,人力资源所有者的决策很可能让自己受益而使其他利益相关者受损。对于一个企业来说,人力资源所有者可以分为两类:一类是负责经营决策的人力资源所有者(简称为"经营者"),另一类是负责执行决策的人力资源所有者(简称为"生产者")。撇开其他利益相关者,张维迎(1995)已经证明,企业的剩余索取权和控制权在企业经营者和生产者之间的最优安排取决于每类成员在企业中的相对重要性和对其监督的相对难易程度。如果生产者更重要、更难监督,剩余索取权和控制权应归生产者所有;如果经营者更重要、更难监督,剩余索取权和控制权应归经营者所有;如果两者同样重要、同样难以监督,则剩余索取权和控制权应由两者共同拥有。一般来讲,经营者需要对企业所面临的不确定性作出反应,而这一反应对企业的生存具有关键性的作用,因而经营者比生产者更重要;经营者主要是用脑袋进行非程序化工作,他的行为自然也最难监督。因此,最优安排应该是经营者拥有剩余索取权和控制权,生产者得到合同工资并接受经营者的监督。[①] 所以,真正对企业剩余拥有"自然控制权"的不是生产者,而是经营者,他的行为直接影响其他利益相关者的利益。由于会计信息不仅是利益相关者进行利益分配的依据,同时也是其他利益相关者考核经营者的经营管理业绩的依据。从这个角度来看,经营者必然存在违背已有的会计规则而披露虚假会计信息,以使自己收益而使企业其他利益相关者受损的动机,这种动机便决定了会计信息违规性失真的存在。

二、会计信息违规性失真的证据及我国现状分析

会计信息违规性失真的存在由来已久,也得到了大家的一致认可。从某种程度上讲,审计之所以能够产生并不断取得发展,其根本原因就在于会计信息违规性失真的存在。目前,理论界对审计起源主要有三种不同意

[①] 在律师和科学研究等领域中确实存在所有成员同样重要、同样难以监督的情况,但在绝大多数的产业中,确实有经营者和生产者之分,且经营者确实比生产者更重要、更难以监督(张维迎,1996)。

见:(1) 审计源于会计,认为审计是会计发展到一定阶段的产物,是适应会计检查的需要而产生的;(2) 审计源于财政监督的需要,认为古代审计就是对国家财政收支进行检查,是一种财政监督形式;(3) 审计源于经济监督的需要,认为审计一开始就不是会计的附属品,两者是不同质的两个概念(文硕,1996:3—5)。我们尚且不论哪种观点正确,但我们可以发现,三种观点的基础都是会计信息违规性失真。也就是说,如果不存在会计信息违规性失真,审计就不会产生。同样,如果不存在会计信息违规性失真,审计更不会发展。另外,从审计目标和审计技术的角度来考察,审计发展的第一个阶段账表导向审计就是对会计报表进行详细的检查,其最为重要的审计目标就是揭发舞弊行为;此后,审计由账表导向审计发展到制度基础审计乃至风险导向审计,虽然揭发舞弊行为已不是审计最为重要的目标,但它仍然是审计目标的重要组成部分。[1]

可以用来作为会计信息违规性失真的证据很多,如美国每年由于舞弊导致的损失已达 GNP 的 2%,按年 GNP 约 150 000 亿美元计算,损失的金额已逾 3 000 亿美元;美国商业部的一项调查表明:每年雇员与经理人员舞弊金额已逾 1 000 亿美元[2];历史上著名的英国南海公司的案件中,由于该公司虚报业绩,反映出前景诱人的盈利能力,其股价从 1719 年的 114 英镑升至 1720 年 7 月的 1 100 英镑,当英国国会通过了"反泡沫公司法"时,其股价一落千丈,至 1720 年底宣布破产,实际资本已所剩无几,给数以万计的债权人及股东带来了惨重损失[3];美国 80 年代著名的 ESM 公司的舞弊性财务报告案中,带来的损失总计达 3 亿美元,而牵涉此案的会计师事务所(其名为"Alexander Grant & Co.")所受的损失是其风险准备金的 5 倍,是实收资本的 50 倍(Belkaoui,1993:97)。

另外,西方国家会计学者的许多盈余管理实证研究的结论也是会计信息违规性失真的最直接证据,因为盈余管理实际上就是旨在有目的地干预对外财务报告过程,以获取某些私人利益的"披露管理"(Healy, 1985)。无论这种干预对外财务报告过程的结果是选用了会计规则所允许的会计方法,还是选用了会计规则所不允许的方法。后者属于会计信息违规性失真,显而易见;前者虽然选用的是会计规则所允许的会计方法,但选择的出

---

[1] 参考文硕(1996:509—531)。
[2] 转引自周海燕(1997:39)。
[3] 参考文硕(1996:221—224);周友梅(1997:37)。

发点有悖于会计规则,因为会计规则之所以有多种方法供选择,其目的是适应不同企业的不同具体情况,那么对这些会计方法的选择应该从企业的具体情况出发。根据个人利益的需要而选择会计方法,它实质上就是对会计规则的违背,故它也属于会计信息违规性失真。盈余管理的实证研究如:西利(Healy,1985)运用年度红利基金公式的分段线性描述,研究了总经理分红计划对应计项目决策和会计选择的影响,结果发现经理人员受到经济激励去操纵盈利以增加其现金报酬;德方得和帕克(DeFond and Park,1997)对收益的主观应计部分与预计的未来盈利之间的关系进行了研究,结果发现,预计未来业绩良好的公司会增加收益的主观应计部分,它期望向未来"借"盈利以降低现在所面临的被解聘的威胁,现有业绩良好而未来业绩贫乏的公司会减少收益的主观应计部分,它期望"储存"当期盈利以备将来用于降低被解聘的可能威胁;韩季赢等(Han and Wang,1998)对1990年海湾危机期间,经历产品价格及所期望利润突然大幅上涨的石油公司是否会利用会计应计项目来调低盈利进行了研究,研究结果表明,石油公司不仅希望利用这场危机获益,而且还实际利用了减少收益的应计项目来降低海湾危机期间所报告的季度盈利额;伯殷顿、铎宾和朴勒斯寇(Boynton,Dobbins and Plesko,1992)对美国1996年税收改革法案中公司可选择最低税收(AMT)账面条款而可能作出的盈余操纵进行了实证研究,结果发现美国公司在AMT账面条款实施的第一年使用主观应计部分减少收益。当然,可以列举的会计盈余管理研究成果还有很多,而且这众多的盈余管理研究也仅仅是发现了会计信息违规性失真的冰山一角。

近年来,我国的会计信息失真问题引起了社会各界的普遍关注,其主要原因就在于我国会计信息违规性失真问题已经到了非常严重的地步。[①] 根据我国现行上市公司会计信息披露制度,上市公司业务经营情况部分应提供公司所处行业的总体情况、相关产业政策、本行业主要统计数据、新年度的业务发展规划、分经营业务和市场区域反映公司主营业务收入的构成等信息,而我们(吴联生,2000)于1998年10月对1997年上市公司年度报告的抽样调查结果表明,没有任何一份年度报告提供了行业主要统计数

---

① 不仅学术界就此进行了广泛的研究,而且时任国务院副总理的朱镕基在1994年第四次全国会计工作会议上,针对我国会计信息失真的严峻事实,提出整顿会计工作秩序的约法三章,以期达到改善会计信息质量的目的。也正是因为严重的会计信息失真问题,我国于1985年颁布行了《会计法》,并分别于1993年和1999年进行了两次修订。但我国的会计信息质量问题至今并没有得到本质性的改善。

据;只有20%的年度报告说明了公司所处行业的总体情况及公司在行业中的地位,但均未说明相关产业政策;只有1%的年度报告提供了公司业务发展规划信息(该公司本年度亏损);在分部信息披露方面,32%的年度报告提供了经营业务分部信息,没有任何一份报告披露市场分部信息。这说明我国上市公司经营者在某些会计信息的披露上并没有遵守披露制度,这种行为实质上就是故意违背会计规则。另外,我们还可以从以下数据和研究结论中窥见企业会计信息违规性失真的程度:

1. 我国审计署自1983年成立以来,每年都审计出大量的违纪金额。根据审计署1983至2001年的审计单位数、审计覆盖率和查出的违纪金额[①],我们得到了平均每单位违纪金额。根据表3-1,我们发现平均每单

表 3-1 历年审计结果

年份	审计单位数(个)	查出违纪金额(万元)	平均每单位违纪金额(万元)
1983	1 263	19 293	15.28
1984	13 798	158 252	11.47
1985	66 297	786 376	11.86
1986	96 356	1 224 713	12.71
1987	163 319	1 279 827	7.84
1988	192 670	1 528 185	7.93
1989	243 470	2 398 728	9.85
1990	261 846	3 429 468	13.10
1991	261 875	3 729 586	14.24
1992	224 886	3 947 239	17.55
1993	182 213	4 422 134	24.27
1994	185 077	8 444 696	45.63
1995	159 156	9 986 238	62.74
1996	178 778	20 585 650	115.15
1997	189 618	17 707 584	93.39
1998	161 341	50 307 197	311.81
1999	152 588	44 261 216	290.07
2000	145 713	55 305 609	379.55
2001	144 840	60 257 352	416.03

资料来源:历年《中国审计年鉴》。

[①] 由于数据缺失,1999年的被审计单位仅包括审计署派出机构和地方审计机关所审计的单位。

位的违纪金额基本上呈递增的趋势,并且每年的平均每单位违纪金额均超过了万元,最高的平均每单位违纪金额则达到400多万元。当然,违纪金额的逐年上升与我国审计技术的发展有密切的关系,但它是以会计信息违规性失真的存在为前提的。相反,由于审计不可能查出所有的违纪金额,企业真正的会计信息违规性失真的状况比上文所分析的还要严重的多。①

2. 财政部从1999年7月开始至今发布的7号《会计信息质量抽查公告》均表明,我国国有企业会计信息失真不仅普遍,而且严重。其中,第一号公告中被抽查的110户酿酒企业,有102户存在不同程度的会计信息失真问题;第三号公告中在经社会审计机构② 审计的100户企业中,有81户存在资产不实问题,有83户企业存在损益不实问题;第五号公告中被抽查的159户企业,有147户资产不实。③

3. 很多实证研究结果表明,自从净资产收益率(ROE)作为上市公司申请配股的依据之一,上市公司在ROE数据上存在着明显的操纵行为。蒋义宏和魏刚(1998)对上海和深圳股市的全部上市公司在1993年至1997年间每年年末的ROE进行统计分析,结果发现,上市公司为了达到ROE≥10%的配股资格线,存在着操纵ROE的现象,这一情况在1997年达到了登峰造极的地步;陈小悦、肖星和过晓燕(2000)对1993年至1997年我国股票市场A股的净资产收益率(ROE)的分布情况进行了统计,并运用卡方分布检验方法进行检验,同时对总体样本、1996年和1997年度样本分别进行回归分析,结果发现,我国上市公司为迎合监管部门的配股权规定存在利润操纵行为;靳明(2000)以我国1993至1998年末在上海证券交易所和深圳证券交易所挂牌交易的全部上市公司(A股)相应年度的净资产收益率(ROE)数据为样本进行实证分析,结果发现,1995至1998年度的上市公司ROE分布图中,在ROE≥10%处和ROE≥0处形成了明显的峰值尖点,1998年度又在ROE≥6%处形成了小峰值尖点,出现了明显的异常分布,说明1995至1998年度的ROE分布并不服从正态分布,由此可以推断上市公司对业绩特别是对净资产收益率(10%、6%)和盈亏临界点进行了操纵,其目的好似为了达到配股或避免被"摘牌"或被特别处

---

① 至于还要严重的程度有多大,目前尚无法用数据进行说明。
② 社会审计机构即为会计师事务所。
③ 参见《财政部会计信息质量抽查公告》第一号、第二号、第三号、第四号、第五号、第六号和第七号。

理,而且这种趋势有加剧和扩大之势;孙铮和王跃堂(2000)对我国所有上市公司1998年5月1日前的净资产收益率(ROE)的分布进行统计检验,并进行详细分析,结果发现我国上市公司确实存在操纵盈余的倾向,披露的会计信息存在失真的问题,其操纵盈余突出表现为配股现象、微利现象和重亏现象。

4. 我国上市公司除在作为上市公司申请配股的依据之一的ROE数据上存在着明显的操纵行为外,还存在其他条件下的盈余操纵行为。魏明海、谭劲松和林舒(2000)采用调整的DeAngelo模型,结合资产收益率、利润总额变化和应收账款变化等指标,应用对比控制样本的时间序列分析和同一时期控制行业影响的对比测试,以1997年IPO公司为样本、1992年和1993年IPO公司为控制样本,对工业类和工用事业类公司在IPO前是否存在盈余管理进行了实证研究,结果发现,工业类公司在IPO前运用了应计制的盈余管理手段进行盈余管理,并且募集前盈余管理能有效地解释公司IPO前后的收益表现;黄志忠(2001)运用演绎和经验相结合的方法,以1994年底之前在上海证券交易所上市的公司为样本,运用符号检验和皮尔松相关性检验方法对上市公司的利润平滑行为进行实证分析,检验结果证实大部分的样本公司都进行了利润平滑,而且基本上采用不正当的手段进行故意的利润操纵;从操纵的结果上看,利润操纵确实达到了平滑利润的目的,即净利润的离散程度较营业利润降低了,也就是净利润的波动程度下降了;孙铮和王跃堂(2000)对我国1997年上市公司的亏损公司及扭亏公司的主营业务的盈亏状况、主营业务盈利、利润构成状况进行统计描述,并对净资产收益率和主营业务利润、非营业性项目损益进行相关性分析,结果发现,亏损公司和扭亏公司都存在盈余操纵的倾向,但它们盈余操纵的立足点不同,操纵行为也不尽相同,亏损公司有做大亏损的倾向,但也不乏减少亏损的例子,扭亏公司则是极力做大盈利。

从有关数据来看,我国企业会计信息违规性失真的问题已非常严重,如何治理企业会计信息违规性失真已是我国当前的重要任务。下文将从4个方面来探讨我国会计信息违规性失真的治理,最后给出我国会计信息违规性失真的治理方案。

三、会计信息违规性失真的责任安排

会计规则的主观执行行为直接决定会计信息违规性失真的程度,而会计规则的主观执行行为与企业经营者和会计人员都直接相关。会计信息违规性失真责任在经营者和会计人员之间的安排,必然会影响他们各自的执行会计规则的行为。

(一) 会计信息违规性失真的责任主体安排

上文分析结论表明,撇开非人力资本所有者,企业所有权在经营者和会计人员之间的最优安排应该是经营者拥有剩余索取权和控制权,生产者得到合同工资并接受经营者的监督。因而,一般来说,经营者有动力去生产并披露失真的会计信息,以提高他自己的收益;会计人员仅仅是企业的生产者之一,他只能得到合同规定的固定工资,也就没有动力去生产并披露失真的会计信息。要想使企业披露真实的会计信息,合理的安排应该是增加企业经营者披露违规性失真的会计信息的成本以对企业经营者进行惩罚。当然,如果会计人员通过生产、披露违规性失真的会计信息,能够在固定合同工资收入以外取得额外报酬,同样需要增加会计人员披露违规性失真会计信息的成本。这又可以分为两种情况:一种情况是会计人员为了自己的利益,违背经营者的意愿而生产并披露违规性失真的会计信息,虽然责任应该由会计人员承担,但经营者仍然逃脱不了其主要的责任。这就像企业生产的产品质量不合格是由于生产者窃取材料而在生产时偷工减料所致,但真正对这不合格产品负责任的仍然是经营者,其原因在于相对于生产者来说,经营者拥有剩余索取权与控制权,并监督生产者;而生产者所承受的则是经营者对他的惩罚,如扣除奖金、甚至开除。另一种情况是会计人员在经营者的授意下生产并披露违规性失真的会计信息,当然会计人员需要承担一定的责任,因为他取得了额外报酬,但这不是最重要的,最重要的是对经营者的惩罚,因为会计人员由此得到的额外报酬远远低于经营者由此而得到的收益,而且会计人员能否得到额外报酬,往往取决于经营者。①

可见，会计信息违规性失真责任应该主要由经营者来承担。如果会计人员为了自己的利益而背着经营者生产并披露违规性失真的会计信息，则应承担由此而来的经营者对他的惩罚；如果会计人员在经营者的授意下生产并披露违规性失真的会计信息，会计人员虽然要承担一定的责任，但绝大部分的责任应由经营者来承担。

《会计法》是我国规范企业会计行为的专业性法律，如何保证会计信息质量一直以来是它的重要内容。《会计法》最初制定于1985年，此后分别在1993年和1999年经过了两次修订，每一次修订都对会计信息违规性失真的责任主体作出了不同的安排。按照1985年《会计法》规定，会计信息违规性失真责任主体安排的内容包括：(1) 各地方、各部门、各单位的行政领导人领导会计机构、会计人员和其他人员执行《会计法》；(2) 会计人员应当按照有关法规进行会计核算，并对本单位实行会计监督；(3) 会计人员对不符合要求的凭证不予受理，对违反法规的收支不予办理；(4) 会计人员认为是违反法规的收支，单位行政领导人坚持办理的，会计人员可以执行，同时必须向上级主管单位行政领导人提出书面报告，请求处理，并报审计机关；(5) 单位行政领导人和会计人员违反会计核算的规定，伪造、变造、故意毁灭会计凭证、会计账簿，都要承担相应的责任。② 在这种安排下，地方和部门的行政领导人、单位的行政领导人和会计人员对会计信息违规性失真都负有责任，同时会计人员还承担着监督会计信息质量的责任，这种责任的解脱途径在于向上级主管单位行政领导人进行报告。根据1993年《会计法》的规定，其在会计信息违规性失真责任主体安排方面与1985年《会计法》的差别主要有以下两方面：(1) 规定单位领导人领导会计机构、会计人员和其他人员执行本法；(2) 规定会计人员认为是违法的收支，应当向单位领导人提出书面意见，要求处理，对严重违法并损害国家和社会公众利益的收支，会计机构、会计人员应当向主管单位或者财政、审

---

① 可以这样理解会计：会计是一个信息系统(AAA,1991)；会计系统为经营者的经营决策和监督其他生产者而提供信息时，经营者是会计信息的使用者，而非会计系统的构成部分；会计系统向非人力资本所有者、政府、供应商、采购商和其他会计信息使用者提供会计信息时，经营者是会计系统的构成部分。当然，会计首要的职能是核算，除此之外，它还具有一定范围内的监督职能，即它可以代表经营者对其他生产者进行相关内容的监督，但它不可能监督经营者，因为会计人员作为企业生产者之一，是受经营者监督的。

② 具体条款请参见1985年1月21日颁布的《中华人民共和国会计法》。

计、税务机关报告，接到报告的机关应当负责处理。① 这表明1993年的《会计法》不再要求地方和部门的行政领导人对企业会计信息违规性失真承担责任，对企业会计信息违规性失真承担责任的是单位的行政领导人和会计人员；同时，会计人员仍然承担着监督会计信息质量的责任，所不同的是，这种责任的解脱途径不仅仅可向上级主管单位报告，也可以向财政、审计和税务机关进行报告。1999年《会计法》在会计信息违规性失真的责任主体安排方面对1985年和1993年的《会计法》作了较大的改变，具体来说，这些改变主要包括：(1) 规定单位负责人对本单位的会计工作和会计资料的真实性、完整性负责；(2) 以自由检举制度代替强制报告制度，即不再要求会计人员向主管单位或者财政、审计、税务机关报告企业违反法规的收支；(3) 会计人员对违反会计核算规定承担责任，对伪造、变造、隐匿和销毁会计资料承担责任；(4) 单位负责人对授权、指使、强令会计人员伪造、变造、隐匿和销毁会计资料承担责任。② 显然，按照1999年《会计法》的规定，对企业会计信息违规性失真承担最终责任的是单位负责人，会计人员虽然也对会计信息违规性失真承担责任，但它已退居第二位；同时，会计人员也不再承担监督会计信息质量的责任。

由上可知，我国《会计法》对会计信息违规性失真的责任主体安排经过了一个变迁的过程。首先，会计信息违规性失真责任承担主体由地方和部门的行政领导人、单位行政领导人和会计人员三者承担(1985年《会计法》)演变为单位行政领导人和会计人员两者共同承担(1993年《会计法》)，最后演变为单位负责人承担首要责任，会计人员承担次要责任(1999年《会计法》)；其次，会计人员对会计信息质量的监督责任经历了从有(1985年和1993年《会计法》)到无(1999年《会计法》)的变化过程。1985年《会计法》规定地方和部门的行政领导人对会计信息违规性失真负有一定责任，这是与计划经济体制下政府与企业之间的关系相适应的，企业的最终经营决策权实际上由地方和部门的行政领导人所掌握，地方和部门的行政领导人不仅是非人力资本(即国有资产)所有者的代表，也是企业事实上的经营者。经济体制由计划经济体制改为社会主义市场经济体制之后，这一安排已不再合理，因为地方和部门的行政领导人已经只是非人力资本(即国有资产)所有者的代表，而不属于企业经营者的范畴，地方和部门的

---

① 具体条款请参见1993年12月29日修订的《中华人民共和国会计法》。
② 具体条款请参见1999年10月31日修订的《中华人民共和国会计法》。

行政领导人事实上已不可能对会计信息违规性失真负责;另外,地方和部门的行政领导人领导会计机构、会计人员和其他人员,实际上就是他们代表非人力资本所有者分享企业剩余控制权。从企业剩余索取权与控制权相对应的角度来看,这似乎是一种更为合理的安排,因为拥有企业剩余索取权的非人力资本所有者更多地拥有了企业的剩余控制权。① 但是,我们必须注意的是,地方和部门的行政领导人仅仅是非人力资本所有者的代表,企业剩余索取权并不是属于他们的,他们也就没有动力去行使好这一职责;相反,这恰恰成了企业经营者减少责任的一种借口。因而,1993年的《会计法》就规定单位领导人领导会计工作。应该说,这是一种进步。但是,这一规定仍没有区分单位领导人与会计人员对会计信息违规性失真的不同责任,在现实中,它就演变成由会计人员承担会计信息违规性失真的责任,因为即使会计信息违规性失真是由于单位领导人的原因造成的,但会计人员无法对此进行举证。合理的会计信息违规性失真的责任合约安排应该是企业经营者对会计信息违规性失真负首要责任,作为生产者之一的会计人员负次要责任。1999年的《会计法》针对现实中的具体情况,作出单位负责人对本单位会计信息质量负责的安排。应该说,这一安排与我们的研究结论是一致的。

会计人员作为企业的生产者之一,他接受企业经营者的监督,因而,他是不可能监督企业经营者的。1985年和1993年的《会计法》要求会计人员以各种形式监督企业经营者,是不符合企业所有权安排要求的,大量的事实也证明了这一规定的失败。1999年《会计法》则以自由检举制度代替强制报告制度,显然也是一种历史性的进步。也就是说,会计监督只能是在企业经营者的授权下,代表企业经营者对企业中的其他生产者进行的监督,而不能是对企业经营者的监督,它是一种一定范围内的监督。

(二) 会计信息违规性失真的责任强度安排

1999年《会计法》对会计信息违规性失真的责任主体安排相对于市场经济体制来说是合理的,但它是否能够切实地治理我国企业会计信息违规性失真问题,还取决于这一责任主体安排实施机制的有效性。

假设政府的监管概率(即为监管力度)为 $P(0 \leqslant P \leqslant 1)$;会计规则执行

---

① 从企业剩余索取权和控制权的角度看,最理想的状态是企业的人力资本所有者与非人力资本所有者二者合一。

者违背会计规则而取得的违约收入(实际上就是执行者违背会计规则的程度)为 $Q(Q \geqslant 0)$;若被发现,政府对他的惩罚与他违约程度的平方成正比,即 $\beta Q^2(\beta > 0)$。如果会计规则执行者是风险中立的,那么,会计规则执行者的会计规则执行行为决策问题为

$$\max_Q U = Q - \beta Q^2 P \qquad (3.1)$$

根据(1)式,很容易得到

$$Q^* = \frac{1}{2\beta P} \qquad (3.2)$$

(3.2)式表明,最优的违规程度与惩罚力度及政府的监管概率成反比,即政府监管的力度越大,执行者的违规程度越低;政府对违规执行者的惩罚越大,执行者的违规程度也越低。

1999年《会计法》对会计信息违规性失真责任主体的处罚主要包括以下内容:

1. 单位负责人的责任:(1) 授意、指使、强令会计机构、会计人员及其他人员伪造、变造或者隐匿、故意销毁依法应当保存的会计凭证、会计账簿,编制虚假财务会计报告或者隐匿、故意销毁依法应当保存的会计凭证、会计账簿、财务会计报告,构成犯罪的,依法追究刑事责任;尚未构成犯罪的,可处以五千元以上五万元以下的罚款;属于国家工作人员的,还应当由其所在单位或者有关单位依法给予降级、撤职、开除的行政处分。(2) 对依法履行职责、抵制违反本法规定行为的会计人员以降级、撤职、调离工作岗位、解聘或者开除等方式实行打击报复,构成犯罪的,依法追究刑事责任;尚不构成犯罪的,由其所在单位或者有关单位依法给予行政处分。对受打击报复的会计人员,应当恢复其名誉和原有职务、级别。①

2. 会计人员的责任主要有:构成犯罪的,依法追究刑事责任;尚未构成犯罪的,处以罚款、由所在单位或者有关单位给予撤职直至开除的行政处分,吊销会计证。②

按照这些规定,单位负责人和会计人员由于会计信息违规性失真都有可能承担刑事责任,但我国现行刑法和有关补充规定中还没有明确这一点,真正对有关人员进行刑事处罚比较困难;单位负责人只有在"授意、指使、强令"生产并披露失真的会计信息时,才负有法律责任,这显然与上文

---

① 具体条款请参见1999年10月31日修订的《中华人民共和国会计法》。
② 同上。

分析的单位负责人对本单位会计信息违规性失真负首要责任的安排出入甚远,因为后者要求单位负责人对所有的会计信息违规性失真负责。这样,无形之中缩小了单位负责人承担违约支出的范围;一般来说,单位负责人授意、指使、强令会计人员生产并披露失真的会计信息,会计人员很难对此进行举证,单位负责人承受这种惩罚的可能性不是很大;即使承担这种责任,区区的五千元以上五万元以下的罚款又能算得了什么,况且罚款一般不会涉及到他自身的利益;由所在单位给予行政处分更是形同虚设,因为企业经营者对企业拥有"天然的控制权";由有关单位依法给予降级、撤职、开除的行政处分或许能够起到一定的作用,但可惜的是,《会计法》没有指明"有关单位"到底指哪个或哪些单位。应该来说,单位负责人接受惩罚的概率不大,并且即使承担了违约支出,它也不能真正制约单位负责人的行为。

单位负责人是否"对依法履行职责、抵制违反本法规定行为的会计人员以降级、撤职、调离工作岗位、解聘或者开除",取决于会计人员与单位负责人之间的契约的内容。《会计法》要想对会计人员进行保护,仍然是要求会计人员监督单位负责人的一种具体表现,上文已经分析,这种要求并不符合企业所有权安排要求。既然《会计法》已经不再要求会计人员承担监督会计信息质量的责任,那么就应该放弃这一条。实际上,这条规定在事实上是不能起到任何作用的,因为单位负责人对会计人员进行降级、撤职、调离工作岗位、解聘或者开除,可以有很多很多的借口。现实中曾发生这样一件事:有位会计人员向税务局举报了其所在单位的偷漏税情况,他得到了税务局的奖励,但是他至今仍没有找到工作。这也说明了这一规定在事实上是起不到作用的。

1999年《会计法》对单位负责人的惩罚力度,不足以让单位负责人停止生产与披露失真的会计信息,但它对会计人员的处罚则是有效的。会计人员处于企业经营者的监督之下,由企业经营者给予会计人员撤职、开除,就足以让会计人员望而生畏,因为这意味着他将失去他一生的职业,违约支出实在是太大了;即使没有遭受撤职、开除而只有罚款,所有的罚款仍是由他个人承担的。

总之,《会计法》对会计信息违规性失真的责任强度安排还不完全具有有效性,其中对会计人员的处罚是有效的,而对单位负责人的处罚不仅没有与"单位负责人对企业会计信息违规性失真负首要责任"的安排在口径上相一致,而且力度不够,远远不能使合理的会计信息违规性失真责任合约安排得到有效的执行。

改进我国企业会计信息违规性失真的责任强度安排,关键在于加强对单位负责人的责任。具体措施建议如下:

1. 在刑法和有关补充规定中明确单位负责人和会计人员在会计信息违规性失真中的刑事责任。这一点非常重要,因为刑事责任的威慑力会大大高于民事责任,特别是在民事责任不能起到应有的作用时,刑事责任将会起到关键性的作用。

2. 按照"单位负责人对本单位会计信息违规性失真负首要责任"的要求,扩大单位负责人对会计信息违规性失真承担责任的范围,直至对所有会计信息违规性失真都负有首要责任;同时加大单位负责人对会计信息违规性失真的民事责任,并明确对此负责的政府部门。这一点也是非常重要的,因为在所有由于会计信息违规性失真而对责任主体所进行的处罚中,民事处罚的频率是最高的。

3. 加强对企业会计信息质量的检查。我国会计信息违规性失真如此严重,这也与我国政府对企业会计信息质量的检查力度紧密相关。在这个问题上,我们首先要明确审计署与财政部的权力与责任的划分,其次要采取措施使它们在检查企业会计信息质量中能够保持应有的独立性,并不断提高业务能力。另外,毕竟政府的人员有限,我们还可以发挥注册会计师在评价企业会计信息质量中的作用,当然,其中需要注意的重要问题是如何对注册会计师进行约束,包括独立性和业务质量等方面的约束。

4. 建立社会检举制度。我国目前的会计信息违规性失真的检举制度是针对会计人员的,而不是针对社会公众的。建议在此基础上建立社会检举制度,发挥社会舆论在提高会计信息质量中的作用。在建立这一制度的过程中,我们应该明确接受检举的责任部门及其责任,并加强对检举人的保护与奖励。

四、有效会计监管实施的策略[①]

合理有效的会计信息违规性失真的责任安排,其能否得到有效执行,还取决于监管的有效性。如何确定会计监管对象,会计监管力度如何安

---

① 本部分的初稿由吴联生和王亚平合作完成,参见吴联生、王亚平(2003)。

排,以及有效的会计监管应该达到一个怎样的目标等问题,仍是需要我们解决的重要问题。

按照预期效用理论,对于一个理性的人来说,他主动遵守某一规则的条件是违背规则时的预期效用小于遵守规则时的期望效用,会计规则执行者是否遵守会计规则,同样如此。也就是说,会计规则执行者在作出是否遵循会计规则的决策时,就会对违约成本和由此而带来的可能收益进行权衡;而政府作为会计规则的监管者,是否对执行者监管或者决定监管力度的大小时,也会对监管的成本与收益进行权衡。执行者违背会计规则的成本不仅与违约所受处罚力度相关,而且与政府的监管强度相关;而政府的监管力度又与违约程度以及由此带来的损失相关。因此,在会计规则的执行与监管上,会计规则执行者与政府之间存在着博弈。

考虑这样一个两阶段动态博弈。政府和会计规则执行者行动的时间顺序如下:首先,政府决定一个监管力度;然后,会计规则执行者决定违规程度。假设政府的监管概率(即为监管力度)为 $P(0 \leqslant P \leqslant 1)$;会计规则执行者违背会计规则而取得的违约收入(实际上就是执行者违背会计规则的程度)为 $Q(Q \geqslant 0)$,他同时给社会带来的损失为 $\alpha Q(\alpha \geqslant 1)$;若被发现,政府对他的惩罚与他违约程度的平方成正比,即 $\beta Q^2(\beta > 0)$,而执行者的惩罚支出中有 $\mu \beta Q^2(0 < \mu \leqslant 1)$ 成为政府的净收入,政府的监管成本为 $C(C > 0)$,会计规则执行者的折现因子为 δ[①] $(0 \leqslant \delta \leqslant 1)$,政府的折现因子为 1,上述信息除会计规则执行者违背会计规则的程度和政府的监管力度以外,其余的均为共同知识。同时,我们假定会计规则执行者所有违背会计规则的行为,只要政府进行监管就能查得出来。虽然现实当中无法做到这一点,因为它受到监管成本的制约,而在这里可以通过无限加大监管成本 C 而得到实现。会计规则执行者的预期效用(EU_1)取决于他所获得的收益,而政府的预期效用(EU_2)则在于除会计规则执行者以外的社会福利的总和。假定政府与会计规则执行者都是风险中立的,那么,他们的决策问题为

$$\begin{cases} \max_Q EU_1 = Q - \beta Q^2 P \delta \\ \max_Q EU_2 = -\alpha Q + \mu \beta Q^2 P - CP \end{cases} \quad (3.3)$$

根据(3.3)式,容易得到

---

① 会计规则执行者的折现因子 δ 是会计规则执行者的时间偏好和时间长度的函数。会计规则执行者越看中当前的利益,δ 就越小;时间越长,δ 也就越小。

$$\begin{cases} Q^* = \dfrac{1}{2\beta P^* \delta} \\ P^{*2} = \dfrac{2\alpha\delta - \mu}{4\beta\delta^2 C} \end{cases} \quad (3.4)$$

(3.4)式表明，最优的违规程度与惩罚力度、执行者的贴现因子以及政府的监管概率成反比，即政府监管的力度越大，执行者的违规程度越低；政府对违规执行者的惩罚越大，执行者的违规程度也越低；而更看中当前利益的执行者，其违规程度则越高。而在给定对会计规则执行者违规程度的理性预期的情况下，所需的监管力度与惩罚力度、执行者贴现因子的平方以及政府的监管成本成反比。即惩罚力度和政府的监管成本越大，所需要的监管力度就越小，而对于更看中当前利益的执行者，政府对他们所进行的监管也应该越大。

根据(3.4)式，我们可以得到以下4个结论：

结论1：控制 $\delta < \dfrac{\mu}{2\alpha}$ 的会计规则执行者的会计欺诈行为，其惟一措施在于提高会计监管的时效性。

对于(3.4)式，如果 $2\alpha\delta - \mu < 0$ $\left(\text{即 } \delta < \dfrac{\mu}{2\alpha}\right)$，则 $P^{*2} < 0$，但事实中无法取得满足条件的 P 值。由于在 $2\alpha\delta - \mu < 0$ 的条件下，$\dfrac{dEU_2}{dP} = \dfrac{2\alpha\delta - \mu}{4\beta\delta^2 P^2} - C < 0$，$U_2$ 是关于 P 的减函数。由于 $0 \leqslant P \leqslant 1$，故最优的政府监管力度 $P^* = 0$，此时，最优的执行者违规程度 $Q^* \to \infty$。据此，可以得到如下结论：

当 $\delta < \dfrac{\mu}{2\alpha}$ 时，

$$(P^*, Q^*) = (0, k) \quad (k \to \infty) \quad (3.5)$$

根据(3.5)式，在 $\delta < \dfrac{\mu}{2\alpha}$ 的情况下，即使会计规则对违规会计规则执行者的惩罚 $\beta \to \infty$，政府最优的监管概率仍然为0，而此时这些会计规则执行者就会肆意违规，从而使违规程度 $Q \to \infty$。也就是说，对于更看中当前利益至 $\delta < \dfrac{\mu}{2\alpha}$ 程度的执行者，最优的事后会计监管在控制他们的会计欺诈行为方面无能为力。而要控制他们的会计欺诈行为，惟一的对策就是改变 δ 值，使他们的 $\delta \geqslant \dfrac{\mu}{2\alpha}$，从而使 $\delta < \dfrac{\mu}{2\alpha}$ 的会计规则执行者不再存在。而 δ 值取决于会计规则执行者的时间偏好和时间长度。一般而言，会计规则执行

者的时间偏好与会计规则执行者的类型(type)相关,但政府无法改变执行者的类型。改变 δ 值的惟一途径在于改变时间长度,即会计规则执行者获得违规收入与接受惩罚的时间间隔。由于时间间隔越长,δ 值越小,相反则越大。因此,对会计规则执行者进行更加及时的事后会计监督,甚至变事后会计监管为事前会计监管,是降低这类更看重当前利益至 $\delta<\frac{\mu}{2\alpha}$ 程度的执行者之违规行为的有效途径。当然,事前会计监管的实行相当困难,因为会计规则执行者的会计欺诈行为还没有发生,即使进行了监管,也无法对他的收益产生影响。因此,提高会计监管的时效性,实行实时会计监管,是控制 $\delta<\frac{\mu}{2\alpha}$ 的会计规则执行者会计欺诈行为的惟一可行的措施。

结论2:政府的最优事后会计监管并不是杜绝会计规则执行者的会计欺诈行为的监管,而是将 $\delta\geq\frac{\mu}{2\alpha}$ 的会计规则执行者的会计欺诈行为控制在一定的范围之内的监管。

对于(3.4)式,在 $2\alpha\delta-\mu\geq 0$ $\left(即 \delta\geq\frac{\mu}{2\alpha}\right)$ 的情况下,我们还可以作如下两方面的分析:

第一,如果 $\frac{2\alpha\delta-\mu}{4\beta\delta^2 C}>1$ $\left(即 \beta<\frac{2\alpha\delta-\mu}{4\delta^2 C}\right)$,则 $P^{*2}=\frac{2\alpha\delta-\mu}{4\beta\delta^2 C}>1$,而现实中无法取到满足条件的 P 值。在此条件下,

$$\frac{dEU_2}{dP}=\frac{2\alpha\delta-\mu}{4\beta\delta^2 P^2}-C>\left(\frac{1}{P^2}-1\right)\geq 0,$$

EU_2 是关于 P 的增函数。由于 $0\leq P\leq 1$,故最优的政府监管力度 $P^*=1$,此时,最优的执行者违规程度 $Q^*=\frac{1}{2\beta P^*\delta}=\frac{1}{2\beta\delta}$。据此,可以得到如下结论:

当 $\delta\geq\frac{\mu}{2\alpha}$ 且 $\beta<\frac{2\alpha\delta-\mu}{4\delta^2 C}$ 时,

$$(P^*,Q^*)=\left(1,\frac{1}{2\beta\delta}\right) \tag{3.6}$$

第二,如果 $\frac{2\alpha\delta-\mu}{4\beta\delta^2 C}\leq 1$ $\left(即 \beta\geq\frac{2\alpha\delta-\mu}{4\delta^2 C}\right)$,故最优的政府监管力度 $P^*=\sqrt{\frac{2\alpha\delta-\mu}{4\beta\delta^2 C}}$,此时,最优的执行者违规程度

$$Q^*=\frac{1}{2\beta P^*\delta}=\sqrt{\frac{C}{\beta(2\alpha\delta-\mu)}}$$

据此,可以得到如下结论:

当 $\delta \geq \dfrac{\mu}{2\alpha}$ 且 $\beta \geq \dfrac{2\alpha\delta - \mu}{4\delta^2 C}$ 时,

$$(P^*, Q^*) = \left(\sqrt{\dfrac{2\alpha\delta - \mu}{4\beta\delta^2 C}}, \sqrt{\dfrac{C}{\beta(2\alpha\delta - \mu)}} \right) \qquad (3.7)$$

对以上三种条件,我们分别可以得到政府和会计规则执行者采用最优决策时会计规则执行者的收益:

当 $\delta < \dfrac{\mu}{2\alpha}$ 时,

$$\mathrm{EU}_1(P, Q \mid P^*, Q^*) = Q^* - \beta Q^{*2} P^* \delta = k \quad (k \to \infty) \quad (3.8)$$

当 $\delta \geq \dfrac{\mu}{2\alpha}$ 且 $\beta < \dfrac{2\alpha\delta - \mu}{4\delta^2 C}$ 时,

$$\mathrm{EU}_1(P, Q \mid P^*, Q^*) = Q^* - \beta Q^{*2} P^* \delta = \dfrac{1}{4\beta\delta} \qquad (3.9)$$

当 $\delta \geq \dfrac{\mu}{2\alpha}$ 且 $\beta \geq \dfrac{2\alpha\delta - \mu}{4\delta^2 C}$ 时,

$$\mathrm{EU}_1(P, Q \mid P^*, Q^*) = Q^* - \beta Q^{*2} P^* \delta = \dfrac{1}{2} \sqrt{\dfrac{C}{\beta(2\alpha\delta - \mu)}}$$
$$(3.10)$$

根据(3.5)(3.6)(3.7)式,在所有可能的情况下,即使政府实行了最优的会计监管,会计规则执行者的最优违规程度的反应 $Q^* > 0$。而根据(3.8)(3.9)(3.10)式,在所有政府实行了最优的会计监管的情况下,会计规则执行者实行最优的违规程度所得到的期望收益都严格大于0,而会计规则执行者在不实行违规策略时,他的收益则恒等于0。因此,政府的最优事后会计监管并不能杜绝会计规则执行者的会计欺诈行为。因此,杜绝会计规则执行者的会计欺诈行为的监管,必定不是政府最优的会计监管。但是,政府会计监管可以在 $\beta < \dfrac{2\alpha\delta - \mu}{4\delta^2 C}$ 和 $\beta \geq \dfrac{2\alpha\delta - \mu}{4\delta^2 C}$ 的两种情况下,分别对 $\delta \geq \dfrac{\mu}{2\alpha}$ 的会计规则执行者的会计欺诈行为控制在不超过 $\dfrac{1}{2\beta\delta}$ 和不超过 $\sqrt{\dfrac{C}{\beta(2\alpha\delta - \mu)}}$ 的范围之内。

结论3:有效会计监管需要额外成本。

对以上三种条件,我们分别可以得到政府和会计规则执行者采用最优决策时政府的收益:

当 $\delta < \dfrac{\mu}{2\alpha}$ 时,

$$\begin{aligned}\mathrm{EU}_2(P,Q\mid P^*,Q^*) &= -\alpha Q^* + \mu\beta Q^{*2}P^* - CP^* \\ &= -k \quad (k\to\infty)\end{aligned} \quad (3.11)$$

当 $\delta \geqslant \dfrac{2\mu}{2\alpha}$ 且 $\beta < \dfrac{2\alpha\delta - \mu}{4\delta^2 C}$ 时,

$$\begin{aligned}\mathrm{EU}_2(P,Q\mid P^*,Q^*) &= -\alpha Q^* + \mu\beta Q^{*2}P^* - CP^* \\ &= -\dfrac{2\alpha\delta + \mu}{4\beta\delta^2} - C\end{aligned} \quad (3.12)$$

因为 $\delta \geqslant \dfrac{\mu}{2\alpha}$, 故

$$\mathrm{EU}_2(P,Q\mid P^*,Q^*) = \dfrac{-2\alpha\delta + \mu}{4\beta\delta^2} - C < 0 \quad (3.13)$$

当 $\delta \geqslant \dfrac{\mu}{2\alpha}$ 且 $\beta \geqslant \dfrac{2\alpha\delta - \mu}{4\delta^2 C}$ 时,

$$\begin{aligned}\mathrm{EU}_2(P,Q\mid P^*,Q^*) &= -\alpha Q^* + \mu\beta Q^{*2}P^* - CP^* \\ &= \dfrac{-2\delta\alpha + \mu}{2\delta}\sqrt{\dfrac{C}{\beta(2\alpha\delta - \mu)}} - C\sqrt{\dfrac{2\alpha\delta - \mu}{4\beta\delta^2 C}}\end{aligned} \quad (3.14)$$

因为 $\delta \geqslant \dfrac{\mu}{2\alpha}$, 故

$$\mathrm{EU}_2(P,Q\mid P^*,Q^*) = \dfrac{-2\alpha\delta + \mu}{4\beta\delta^2} - C < 0 \quad (3.15)$$

根据(3.11)(3.13)(3.15)式,在所有可能的情况下,即使政府实行了最优的会计监管,政府的预期收益还是严格小于 0;即使在政府实施会计监管的过程中没有发生任何的社会福利损失,即 $\alpha = 1$ 且 $\mu = 1$,政府的预期收益仍然严格小于 0。而这部分小于 0 的负收益即为实行有效会计监管所需要的额外成本。

结论 4:有效会计监管实施的基本条件存在优先次序。

根据(3.5)(3.6)(3.7)式,最优会计监管 P^* 的选择有赖于政府对违规会计规则执行者的惩罚系数 β、会计规则执行者的贴现因子为 δ;而 β 能够影响最优会计监管 P^* 的选择,也仅仅是在 $\delta \geqslant \dfrac{\mu}{2\alpha}$ 的条件之下;在 $\delta < \dfrac{\mu}{2\alpha}$ 的情况下,无论 β 如何变化,它都不会影响最优会计监管 P 的选

择。因此，有效会计监管实施的基本条件 β、δ 和 P 存在如下优先次序：首先区分不同类型的会计规则执行者，其次区分会计规则执行者所承担的他们真正能够感知的违规处罚，然后才是选择最优的监管力度 P^*。

总之，根据两阶段动态博弈模型，会计规则执行者的违规程度与惩罚力度、执行者的贴现因子以及政府的监管概率成反比；而政府的会计监管力度与惩罚力度、执行者贴现因子的平方以及政府的监管成本成反比。实施有效会计监管的恰当策略为：政府的最优事后会计监管的合适目标并不是要杜绝会计规则执行者的会计欺诈行为，而是将 $\delta \geqslant \frac{\mu}{2\alpha}$ 的会计规则执行者的会计欺诈行为控制在一定的范围之内；最优的会计监管对于控制 $\delta < \frac{\mu}{2\alpha}$ 的会计规则执行者的会计欺诈行为来说无能为力，控制这类会计欺诈行为的惟一措施在于提高会计监管的时效性；有效会计监管需要额外成本；并且有效会计监管实施的基本条件存在优先次序：首先区分不同类型的会计规则执行者，其次区分会计规则执行者所承担的他们真正能够感知的违规处罚，然后才是选择最优的监管力度。

五、政府审计质量的保持机制

有效会计监管有赖于政府监督机构的执行。政府审计是执行会计监管的最为主要的专业部门，因此，政府审计质量直接决定着会计监管的质量。政府审计质量与政府审计隶属关系的安排、政府审计标准的制定、审计人员的素质以及职业道德约束与法律责任约束的有效性等方面相关，下文拟从这4个方面着手来分析我国政府审计所存在的问题并寻找解决的途径。

（一）政府审计隶属关系的安排

高质量的政府审计使利益相关者的利益以他们利益冲突与协调的结果为标准而得到保护（吴联生，2002a，2003），因此，不同政府审计制度安排下的政府审计质量，是决定这一政府审计制度安排能否得到利益相关者认可的决定因素。然而，广义的政府由具有不同职能的机构所组成，一般而言，它包括立法机构、司法机构和行政机构等。政府审计应该隶属于哪个部门，是政府审计制度安排的核心内容，其他因素对政府审计质量的影响，都是以政府审计的隶属关系为前提的。从世界范围看,目前政府审计的隶属关系主要有四种不同安排:(1)隶属于立法机构,如美国、英国、加拿大、澳大利亚等;(2)隶属于司法机构,如法国、意大利、西班牙等;(3)隶属于行政机构,如瑞典、瑞士、芬兰等;(4)隶属于其他独立机构,如日本、德国、印度等(文硕,1996:65—212;廖洪、余玉苗,1996:78—126)。那么,哪一种政府审计的隶属关系安排能够有利于政府审计质量的提高呢?事实上,这个问题一直是审计学界着重探讨的问题,也是审计学界一直无法予以明确回答的问题。我们认为,要分析这个问题,必须从界定审计质量入手。

根据审计"利益协调论"(吴联生,2003),审计制度安排是利益相关者利益冲突与协调的结果,而审计质量高低也必然是相对于利益相关者的利益受保护的程度而言的。但是,必须注意,利益相关者的利益受保护的程度是就整体利益相关者而言的,而不是仅仅针对某个或某些利益相关者而言的。

假定利益相关者的利益冲突与协调之后的利益安排为$(I_1, I_2, \cdots, I_n)$,实施审计后利益相关者的利益现实表现为$(Q_1, Q_2, \cdots, Q_n)$,令 $\sigma = \sqrt{\dfrac{\sum_{i=1}^{n}(Q_i - I_i)^2}{n}}$,那么,审计质量函数 $y = f(\delta)$,且$\dfrac{dy}{d\sigma} < 0$。

对于政府审计来说,决定σ值的因素有两个:一是审计执行机构与不同利益相关者的"亲密程度",二是审计执行机构审计结果的有效性。

假设第i个审计执行机构与利益相关者的"亲密程度"为$(C_{i1}, C_{i2}, \cdots, C_{in})$,第$i$个审计执行机构审计结果的有效性为$P_i$,令

$$\varphi_i = \sqrt{\dfrac{\sum_{j=1}^{n}(C_{ji} - \bar{C}_i)^2}{n}}, \quad \bar{C}_i = \dfrac{\sum_{i=1}^{n} C_i}{n}, \quad i = 1, 2, \cdots, m$$

(m为审计机构隶属关系安排种类),那么 $\sigma_i = h(P_i, \varphi_i)$,且$\dfrac{d\sigma_i}{dP_i} < 0$,$\dfrac{d\sigma_i}{d\varphi_i} > 0$;最优的政府审计制度安排$t$,它满足 $\sigma_t = \min(\sigma_i)$。

可见,不同国家的政府审计隶属关系的安排,与构成为政府的不同机构的职能和效果直接相关。而在不同的政治体制下,同一类型的政府机构的职能和效果有着很大的差别,因而也就形成了不同国家有不同的政府审计隶属关系的安排。但是,最优的政府审计隶属关系具有共同的特点,即它能够使利益相关者的利益以他们自己冲突与协调后的安排为依据而得到保护。

我国的政府审计机关是依照1982年宪法于1983年设立的。按照宪法规定，国务院设立审计署，在国务院总理领导下，主管全国的审计工作；县级以上地方人民政府设立审计机关，在本级政府和上一级审计机关的领导下，负责本行政区域内的审计工作。据此，我国政府审计机关包括中央审计机关和地方审计机关。中央审计机关是在国务院总理直接领导下的审计机关，即审计署；地方审计机关是指省、自治区、直辖市、设区的市、自治州、县、自治县、不设区的市、直辖区人民政府设立的审计组织，它实行双重领导体制，在本级政府首长和上一级审计机关的领导下，负责本行政区域内的审计工作。其中，审计业务以上一级审计机关领导为主，而行政则接受本级政府首长的领导。①

对于我国的这种政府审计隶属关系，学术界曾进行过激烈的争论，其中最为重要的观点认为我国审计署应该隶属于全国人民代表大会，其理由主要在于隶属于国务院的政府审计缺乏独立性。② 上文已经分析，最优的政府审计制度安排，它满足 $\sigma_t = \min(\sigma_i)$，其中，$\sigma_i = h(P_i, \varphi_i)$，且 $\dfrac{\mathrm{d}\sigma_i}{\mathrm{d}P_i} < 0$，$\dfrac{\mathrm{d}\sigma_i}{\mathrm{d}\varphi_i} > 0$。也就是说，考虑政府审计隶属关系时，不仅要考虑政府审计的利益代表性问题，而且也要考虑政府审计的有效性问题；同时，我们对政府审计隶属关系的分析，应服从于当前的政治体制这个前提条件。③ 在我国，中国共产党是执政党，国务院和全国人民代表大会都是在中国共产党的领导下进行工作，无论政府审计隶属于哪个机构，它都不是西方国家所存在的政党之争的工具，也不是执政党政治权力的制约力量。④ 从国务院和全国人民代表大会的组成成员所产生的程序上看，人民代表大会代表利益相关者的利益代表性要强于国务院，但是，从两者的领导与被领导的关系来看，它们的利益代表性虽然有差别，但不会相差很大，即政府审计隶属于国务院还是隶属于全国人民代表大会，它对 φ 值影响不大。但是，从工作的有效性看，国务院要远远高于全国人民代表大会，因为国务院掌握和运用国家经济资源，领导和指导国家政治、经济、科学、文化各项事业，国务院的

---

① 参考《中国审计体系研究》课题组(1999:151—152)。
② 有关这一观点的论述，可参见孙宝厚(1999)，刘开瑞(1994)，邱学文(1994)，张立、徐荔榕(1996)，赵宝卿(1996)。
③ 如果政治体制这个前提条件发生变化，它必然会对政府审计的利益代表性和有效性产生影响，政府审计隶属关系的安排自然也会发生变化。
④ 参考尹平(2001)。

权力渗透到社会政治经济生活的各个方面(尹平,2001);而全国人民代表大会显然无法做到这一点,即政府审计隶属于国务院相对于隶属于全国人民代表大会来说,能够大大提高 P 值。综合 P 和 φ 来看,在我国目前的政治体制下,政府审计机关隶属于国务院是一项比隶属于全国人民代表大会更优的安排。

然而,我国政府审计隶属关系的安排仍然存在有待改进的地方。目前,地方审计机关实行双重领导体制。当然,实行双重领导体制,从表面上看,并没有使地方政府审计的利益代表性事实上发生变化(即 φ 值不变)。但是,地方政府审计由于接受当地行政首长的领导,而当地行政首长可能与当地的企业经营者存在着利益相关性,虽然政府审计按照《审计法》规定可以"依法执行职务,受法律保护","任何组织和个人不得拒绝、阻碍审计人员执行职务,不得打击报复审计人员",但事实上,地方政府审计由于受当地行政首长的领导,必然会考虑审计结果对当地行政首长利益的影响。这样,双重领导体制下的地方政府审计的利益代表性发生变化,从而使 φ 值变大。另外,当地政府审计结论的实施也必须经过当地政府首长的认可,也正是可能存在的利益关系,使得地方政府审计的有效性大为降低,即 P 值变小。也就是说,双重领导体制从两方面同时降低了政府审计质量。

理论分析表明,双重领导体制降低了地方政府审计的质量和价值。那么,这种理论分析结论与我国的现实是否相符?目前,我国审计署在天津、太原、沈阳、哈尔滨、上海、南京、济南、郑州、武汉、长沙、广州、深圳、成都、昆明、西安和兰州等 16 个城市设立了特派员办事处,它们与地方审计机关的审计对象都是遍布在全国各地的企业,同时都接受审计署的业务指导,并且审计过程中所遵循的法律规章制度也相同,惟一的不同就在于特派员办事处直接接受审计署领导,而地方政府审计机关同时接受审计署(业务方面)和当地政府首长的领导。表 3-2 表明,虽然地方政府审计机关和特派员办事处从 1989 年至 2000 年间所查出的每单位违纪金额都处于不断增长的状态之中,但是,从每一年度来看,特派员办事处所查出的每单位违纪金额都高于地方审计机关所查出的每单位违纪金额,而且倍数最低的也达到 27.59,而最高的倍数则达到了 113.02;综合这 12 年的审计结果来看,特派员办事处所查出的每单位违纪金额平均是地方审计机关所查出的每单位违纪金额的 68.18 倍。由此,我们基本上认为,特派员办事处的审计质量高于地方审计机关的审计质量,从总体上看,特派员办事处所查出的违纪金额比地方审计机关的高了 68.18 倍,而造成这种状况的原因就在于地方审计机关接受地方政府行政首长的领导,而特派员办事处则直接接受审计署的领导。①

表 3-2 平均每单位违纪金额②

年度③	地方审计机关(万元)	特派员办事处(万元)	倍数
1989	7.04	233.92	33.20
1990	7.36	266.36	36.21
1991	9.19	253.67	27.59
1992	13.75	387.28	28.17
1993	15.23	660.39	43.35
1994	23.06*④	943.38	40.90
1995	34.67*	2 331.34	67.24
1996	57.19*	4 734.88	82.80
1997	50.67*	4 005.25	79.05
1998	178.14*	13 585.12	76.26
1999	217.45	14 314.74	65.83
2000	238.48	26 953.87	113.02
总平均	59.05	4 024.97	68.18

可见,理论分析和现实证明,双重领导体制降低了地方政府审计的质量和价值。据此,建议改变地方政府审计的双重领导体制为单一的垂直领导体制,将地方审计机关从地方行政机关的权力范围中脱离出来,业务上和行政上都直接接受审计署的领导。

---

① 应该说,这个结论是不严谨的,因为特派员办事处和地方审计机关所查出违纪金额的差异,还可能受到审计人员素质、被审单位规模、被审单位业绩等方面因素的影响。但由于缺乏数据,只能作出这样一个基本的判断。
② 资料来源于《中国审计年鉴 1983—1988》,中国审计出版社 1989 年版;《中国审计年鉴 1989—1993》,中国审计出版社 1994 年版;《中国审计年鉴 1994—1998》,中国审计出版社 1999 年版;《中国审计年鉴 1999》,中国审计出版社 2000 年版;《中国审计年鉴 2000》,中国审计出版社 2001 年版。平均每单位违纪金额=查出的违纪金额总额/审计单位数。感谢审计署人事教育司马曙光处长的帮助。
③ 审计署特派员办事处最早成立于 1988 年,故统计数据从 1989 年开始。
④ 由于缺少直接的 1994 年至 1998 年间全国地方审计机关的审计单位数,同时缺少审计署派出局和审计署业务司的审计单位数,我们只能假设审计署派出局和审计署业务司的审计效果与特派办一样,采用如下方法得到全国地方审计机关的审计单位数:全国地方审计机关审计单位数=全国审计机关单位数-(全国审计机关查出的违纪金额-地方审计机关查出的违纪金额)/(特派办查出的违纪金额/特派办审计单位数)。

(二) 政府审计标准的制定

政府审计隶属关系安排是确保高质量审计的关键的必要因素,但它不是高质量审计的充分因素。政府审计若要执行高质量的审计并得到利益相关者的认可,需要对审计执行的标准、审计人员的素质以及审计人员的执业态度等进行规范,并且这种规范应该具有透信功能,它能够让利益相关者从一方面得知政府审计的质量状况。

在政府审计标准制定方面,以下两个问题一直是争论的焦点:究竟应该由谁来制定政府审计标准,审计机构自己制定审计标准是否可行?如1985年澳大利亚审计标准委员会建议公营部门在审计工作中采用民间审计组织制定的审计标准,而澳大利亚审计署审计长认为应由他自己确定审计方法和范围。[①] 对于这个问题,我们认为首先应该考虑政府审计标准的作用。上文已经提到,政府审计标准是政府审计为了获得利益相关者的信任而用以提高审计质量的手段,它在本质上是政府审计机构执行审计业务的组成部分,当然应该由政府审计机构来制定,但这并不否定利益相关者在审计标准制定过程中的作用,因为满足他们对审计的需求是审计质量提高的根本标准;从另一方面来看,政府审计机构是专业的审计机构,在审计方面相对来说具有较为丰富的知识,当然,政府审计标准的制定也仍然应该能够运用尽可能多的人的知识。总之,政府审计标准应该由政府审计机构制定,但在制定的过程中应该通过一种机制,能够随时了解利益相关者对政府审计需求的变化,能够尽可能地运用更多人的知识。[②]

我国政府审计准则是由审计署制定的用以规范全国政府审计机关审计行为的部门规章,它适用于各级审计机关和审计人员依法开展的审计工作,而其他审计组织承办政府审计机关审计事项也应当遵守政府审计标准。自2000年审计署开始颁布政府审计标准以来,至今已颁布了《中国国家审计序言》、《中华人民共和国基本审计准则》以及13个具体审计准则。根据《中国国家审计序言》的规定,我国政府审计准则制定的程序为:

(1) 审计署成立审计准则体系构建工作领导小组。领导小组下设办公室,具体承担制定审计准则的日常组织管理等工作;

(2) 审计署有关司局及有关特派员办事处、省(自治区、直辖市)审计

---

① 转引自文硕(1996:589)。
② 政府审计标准的制定程序类似于会计规则的制定程序,可参考吴联生(2002b)。

厅(局)分别承担审计准则的草拟工作,向审计准则体系构建工作领导小组办公室提交审计准则草稿;

(3) 审计准则体系构建工作领导小组办公室聘请审计机关的专家成立内部专家组,聘请审计机关以外的专家成立外部专家组,负责对审计准则的草稿进行讨论及修改;

(4) 讨论、修改后的审计准则草稿经广泛征求全国审计机关及社会有关方面意见后,由审计准则体系构建工作领导小组办公室进一步修改、审核,报审计署审计长会议审定,由审计署批准发布施行。

对于我国政府审计准则的制定,我们认为,由审计署制定的安排与上文分析的结论是一致的,是一种合理的安排。但是,从制定的结果来看,至今才颁布13个具体准则,显然还远远不够。当然,这与审计署刚刚着手制定颁布审计准则的时间尚短有关。从制定的程序上看,它还不能满足制定高质量政府审计准则的要求。政府审计准则的高质量就体现在它与利益相关者共同选择的一致性,而要达到这一点,制定机构首先必须准确把握利益相关者的共同选择,然后运用相关知识将其进行正确的表达。由于利益相关者的共同选择始终处于变动之中,它实际上是一个动态的过程,人是有限理性的,因此,谁也没有任何办法能够准确把握利益相关者的共同选择。即使能够准确把握利益相关者的共同选择,但能将这种选择进行表达的知识,有些已经在现实中存在,而有些还没有在现实中存在;即使已经在现实中存在,由于知识分布的广泛性,决定知识储藏在所有拥有会计审计知识的人的大脑中,而非一个人或组成为一个制定机构的人的大脑中。因此,如果要提高政府审计准则的质量,必须要求通过制定程序能够随时了解利益相关者的共同选择,能够充分运用他人的知识。而能够实现这一要求的措施,就是能够使众多的利益相关者参与政府审计准则的制定过程。① 我国政府审计准则的制定程序却是一个无法让利益相关者充分参与的程序,其原因在于:(1) 审计署没有公布已有的相关知识,而利益相关者不具有相关知识,便无法参与或无法更好地参与审计准则的制定;(2) 审计准则制定程序中没有包括制度化的更具影响力的利益相关者参与环节,虽然有向社会公众征求意见,但它离美国财务会计准则委员会在制定会计准则过程中两次举行听证会还有很大的差距。当然,我们不能肯定美国这种办法的有效性,但它说明我国政府审计准则的制定程序方面还

---

① 相关的详细分析可参考吴联生(2002b)。

需要更大的改进,以使更多的利益相关者有积极性并且能够参与政府审计准则的制定过程之中。

(三) 政府审计人员素质的结构化

审计人员的素质对政府审计质量的影响已经为人们所共识。我们认为,审计人员素质问题可以从纵、横两方面进行分析。从横向角度分析,任何一个审计项目,它都涉及到现实社会的多个方面,因此它所需要的审计人员的类型也是多样化的。事实上,世界各国政府审计机关的审计人员配备与它所执行的业务具有显著的相关性。例如,美国国会 1945 年通过的《政府公司控制法》规定"对政府投资的公司可采用职业审计方法",美国会计总署据此开始逐步减少原来比重较大的一般职员、调查人员和律师,而大量招募训练有素的职业会计师;而后,因适应从合法、合规性审计扩展到效率性、经济性和项目效果审计再进一步扩展到更复杂的社会责任审计领域,美国会计总署又录用了许多受过专门训练的专家,如经济学家、管理学家、工程师、数学家、计算机专家,目前,这类专业人才已占 30% 以上。[①] 日本会计检察院的审计范围和内容主要是财政和金融审计,它的人员绝大多数为财政财务、金融、会计等专业的人才;随着会计检察院对经济性和有效性审计的重视,会计检察院考试注意吸收法律、经济、工程、机械、电子技术等学科领域的专业人才。[②] 而西班牙、巴西等司法型政府审计机关,为了适应其审计和财会司法职能,司法人员和律师在审计人员中所占的比重较大,会计、审计专业人员要少些,工程师、经济管理人员所占的比重更低。[③] 从纵向的角度来看,一般认为审计人员素质越高越好,但事实并非如此。在分析这一问题之前,我们必须明确,任何一个审计项目所要求的工作都是具有层次性的,比如,任何一个审计项目都需要有部分审计人员进行简单的核对,也需要有部分审计人员进行整体的把握与控制。假定政府审计机关的工作层次为 $L_i(i=1,2,\cdots,n)$,政府审计机关承担的不同层次的工作所要求的审计人员的必要成本为 $C_i(i=1,2,\cdots,n)$,不同层次的工作所实现的贡献为 $R_i(i=1,2,\cdots,n)$,则第 i 层次的审计工作的贡献成本率 $K_i=\dfrac{C_i}{R_i}$。假定现实中审计人员配备的成本为 $C_m(m=1,2,\cdots,n)$,其相应

---

① 参考廖洪、余玉苗(1996:85)。
② 参考廖洪、余玉苗(1996:101)。
③ 参考廖洪、余玉苗(1996:113)。

的贡献为 $R_m(m=1,2,\cdots,n)$，审计工作的贡献成本率为 $K_m = \dfrac{C_m}{R_m}$，那么，审计人员配备与审计工作层次性之间的关系可能存在以下三种情形（李晓、李晴，2004）：

（1）审计人员能力达不到相应层次审计工作的要求。审计工作的贡献具有一个显著的特点，即只有在完全完成某一层次的审计工作时，其贡献才能具有相应的价值；在没有完全完成某一层次的审计工作时，即使审计人员付出了很大的努力，这种努力也没有多大的价值，即审计贡献与审计人员的努力不成正比。在这种情况下，审计人员的贡献 $R_m \to o$，而成本 C_m 可能大于等于 C_i，也可能小于 C_i，但它是一个既定的常数。这样，$K_m \to \infty$。

（2）审计人员能力超过相应层次审计工作的要求。在这种情况下，$C_m > C_i$，而 $R_m = R_i$，从而 $K_m > K_i$。

（3）审计人员能力刚好满足相应层次审计工作的要求。在这种情况下，$C_m = C_i$，$R_m = R_i$，从而 $K_m = K_i$。

由此可见，在审计人员能力刚好满足相应层次审计工作的要求时，审计工作的贡献成本率最低，这便要求政府审计人员在能力上需要具有层次结构的特征；而比较"审计人员能力达不到相应层次审计工作的要求"和"审计人员能力超过相应层次审计工作的要求"这两种情况，虽然审计工作的贡献成本率都高于 K_i，但前一种情况下的贡献成本率趋向于无穷大，而后一种情况下的贡献成本率则为一常数。可见，政府审计机关在审计人员配备方面，宁愿使审计人员能力超过相应层次审计工作的要求，而尽量不要出现审计人员能力达不到相应层次审计工作要求的情况。

应该说，评价我国政府审计人员素质是否符合高质量审计的要求，实际上是一件相当困难的事，因为我们并不能完全明确高质量的审计工作所需要的审计人员素质。但是，我们可以从审计人员的年龄结构与文化水平结构的角度，对我国政府审计人员素质作出一个基本的评价。从一般的角度来看，评价我国政府审计人员的素质，其对象是我国政府审计机关的所有人员。但是，我们在统计的过程中发现，审计署、特派办等的人员年龄结构和文化结构资料欠缺，而只有地方审计机关人员的资料，因而，我们的分析也只能以地方审计机关的人员素质代替我国所有的政府审计人员素质。不过，表3-3表明，我国政府审计人员中的95%以上，均为地方政府审计人员。由此我们认为，通过分析地方政府审计人员的素质来推断我国政府审计所有人员的素质，基本是可以接受的。

表 3-3 政府审计人员基本结构

年度	总数	地方审计机关人数	地方/总数(%)
1987*①	47 111	46 394	98.48
1988*	52 687	51 797	98.31
1989*	62 679	60 815	97.03
1990*	70 963	68 770	96.91
1994②	80 035	77 028	96.24
1995	83 472	80 451	96.38
1996	84 543	81 460	96.35
1997	86 332	83 237	96.42
1998	87 636	84 679	96.63
1999	84 274	84 160	99.86
2000	78 743	76 386	97.01

表 3-4 表明，我国政府审计人员的年龄结构比较合理，56 岁以上的人员比较少，大概占 5% 左右，而其余人员中大约有一半在 35 岁以下，另外一半则在 36—55 岁之间。而根据表 3-5 的结果来看，我们认为我国政府审计人员的素质还不能满足高质量审计工作的要求。在所有的人员中，研究生 1987 年的比例为 0，比例最高的 2000 年也仅为 0.52%，平均为 0.14%；大学本科 1987 年的比例仅为 3.66%，比例最高的 2000 年也仅为 14.93%，平均为 7.94%。也就是说，研究生和大学本科毕业的认为 2000 年达到最高比例，不过也仅为 15% 左右，其余的则均为大专、中专甚至高中、初中。由此可见，提高审计人员文化结构是提高我国政府审计质量的一个重要途径。虽然我国审计系统已经在人员素质的提高上取得了一定的成绩，但我们认为人员素质还可以有更大程度的提高，因为比较 2000 年和 1987 年的文化结构，增长最快的不是研究生和大学本科人员，而是大专毕业的人员。

---

① 1987 年至 1990 年的数据是哪个月的数据不详，以下同。资料来源于审计署综合司，《1986—1990 全国审计统计资料汇编》，中国审计出版社 1994 年版。
② 由于 1991 年至 1993 年的相关资料欠缺，我们无法对此进行分析。1994 年、1995 年和 2000 年的数据都是当年 12 月的数据，1996 年、1997 年和 1999 年的数据都是当年 6 月份的数据，1998 年的数据是当年 3 月份的数据。资料由审计署人事教育司马曙光处长提供，以下同。

表 3-4　地方审计机关人员年龄结构(%)

年度	35 岁以下	36—55 岁	56 岁以上
1987	47.81	47.24	4.95
1988	49.04	45.14	5.82
1989	52.21	41.37	6.42
1990	53.52	39.83	6.65
1994	51.54	42.26	6.20
1995	51.36	43.41	5.23
1996	51.18	43.69	5.13
1997	50.92	44.41	4.68
1998	50.87	44.60	4.61
1999	50.21	46.15	4.30
2000	40.03	55.15	4.82

表 3-5　地方审计机关人员文化结构(%)

年度	研究生	大学本科	大专	中专
1987	0	3.66	17.87	33.34
1988	0.04	4.71	23.02	32.28
1989	0.07	5.20	25.39	31.73
1990	0.09	6.17	30.11	30.37
1994	0.11	7.52	36.26	28.67
1995	0.12	7.93	38.64	28.40
1996	0.13	8.17	39.42	27.99
1997	0.14	8.98	41.36	27.15
1998	0.17	9.63	42.68	26.08
1999	0.19	10.53	43.63	25.31
2000	0.52	14.93	47.89	21.79
平均	0.14	7.94	35.11	28.46

(四) 政府审计责任的安排

政府审计人员执业行为取决于其所受到的约束。如果政府审计人员没有受到任何约束，那么，审计人员就不具有努力的动力，甚至利用审计的权力进行寻租，审计质量将无法想像。因此，没有一个国家的政府审计是没有受到约束的。一般来看，这种约束包括职业道德约束和法律责任约束。职业道德约束是政府审计机关对其从业人员进行的道德层面的约束，而法律责任约束则是立法机关通过法律对审计人员进行的约束。对于两者的关系,我们不能简单地认为哪一个更重要,哪一个相对来说不重要,相反,两者是相互补充的。从短期利益的角度来看,职业道德约束代表的仅仅是政府审计机关和政府审计人员的利益,而法律责任约束则能够在更大程度上代表社会公众的利益;而从长期利益的角度来看,政府审计若要获得社会公众的认可,必须要考虑社会公众的利益,因此,职业道德约束的利益代表性就趋向于法律责任约束的利益代表性。事实上,法律责任约束的存在,一方面可以使社会公众利益在短期内不受到侵害,另一方面有助于职业道德约束能够在更短的时间内实现社会公众利益的目标。但是,法律责任约束往往具有时效上的滞后性,而且不可能对审计人员的任何行为进行详细的规定与约束,而职业道德约束则可以实行详细深入的约束。因此,职业道德约束和法律责任约束对于约束政府审计人员的执业行为来说,都是必不可少的。当然,职业道德约束和法律责任约束能否在约束政府审计人员的执业行为方面起到现实的作用,则取决于它们的有效性。任何一个规则,如果要在规范人类行为方面发生作用,它必须满足以下两个基本条件:(1) 按照该规则的规定,行为人的违规成本(惩罚)应该大于他由于违规而带来的收益;(2) 对违规人的惩罚必须得到有效的执行。有效的职业道德约束和法律责任约束,也必须满足上述两个基本条件。但是,审计人员对职业道德约束和法律责任约束中成本的感知程度是不同的。对于经济人来说,法律责任约束中的罚款乃至刑事处罚等,他可以确切地体会到,而且也会将其作为行为决策的依据。如果职业道德约束仅采用道德谴责的方式进行约束,它很可能不被经济人视作一种成本,从而起不到应有的约束作用。故职业道德约束应尽可能采用诸如取消从业资格等能够给经济人带来直接成本的约束方式。

我国于1994年颁布实施的《审计法》专设一章对政府审计的有关法律责任进行了规定,遗憾的是,其中只有第49条是对政府审计人员进行约束的,而其他八条规定全部是约束被审计单位。第49条规定:审计人员滥用职权、徇私舞弊、玩忽职守,构成犯罪的,依法追究刑事责任;不构成犯罪的,给予行政处分。可见,《审计法》并没有对政府审计人员的责任作出明确的界定,它可能造成两种截然不同的结果:(1) 政府审计一旦涉及行政诉讼,由于缺乏必要的法律依据,可能导致政府审计没有过错也会败诉的结果;(2) 政府审计人员事实上没有承担任何责任,这样审计人员就不可能努力提高审计质量。事实上,这两种情形在我国都已经存在。如据《由一审计行政诉讼案引起的会计责任与审计责任的思考》一文披露,"某地审计局根据年度审计工作计划,派出审计人员对某单位进行财务收支审计。由于被审计单位会计人员熟悉财经法纪,办理会计事务手续完备,加上审计是按规定程序进行,故该审计局出具了'会计资料基本真实地反映了年度财务收支情况'和'基本符合财经法纪规定'的审计意见书。事隔三个月后,因另一经济案件牵涉,有关执法机关发现该被审计单位存在通过伪造和涂改会计记录的手段来贪污私分钱物的行为,因而对该被审计单位及其主管部门追究相应的刑事责任和行政责任。该主管部门为推卸责任,以审计部门出具不实审计结论为由上诉法院,要求追究审计部门相应的连带责任。审计部门因无明确可靠的法律条文,最终败诉。"(吴业崇、郭长水,1998)从一般角度来说,审计人员如果履行了应有的程序和职业谨慎,就不应该承担责任。但是,缺乏相关法律制度的保障,政府审计仍然可能承担责任。不过,从另一个角度来看,目前我国政府审计系统还没有出现某位审计人员因审计工作原因而遭受处罚,其原因一方面在于我国行政法制观念淡薄、司法体制不独立等因素的影响,导致类似于上述行政诉讼的案件并不多见;另一方面是即使发生了行政诉讼,也没有将某一位审计人员作为责任主体,责任主体往往是政府审计机关。由此,我们认为,加强政府审计责任规定的建设,有效开展审计行政诉讼,并将责任直接落实到具体的审计人员,是提高我国政府审计质量的重要途径。

审计是利益相关者利益协调的机制,它也是利益相关者利益协调的结果;审计制度安排是一个利益相关者利益协调的过程,它因利益相关者的利益关系的变化而变化。政府审计是代表利益相关者利益对企业经营者行为进行的监督,它是利益相关者共同选择的结果。政府审计对企业经营者进行的审计监督,实质上是利益相关者对企业经营者进行的监督。政府审计质量与政府审计隶属关系的安排、政府审计标准的制定、审计人员的素质以及职业道德约束与法律责任约束的有效性等方面相关。

在我国目前的政治体制下,政府审计机关隶属于国务院是一项比隶属于全国人民代表大会更优的安排,但地方审计机关的双重领导体制降低了地方政府审计的质量和价值,建议改变地方政府审计的双重领导体制为单一的垂直领导体制,将地方审计机关从地方行政机关的权力范围中脱离出来,业务上和行政上都接受审计署的领导;我国政府审计准则由审计署制定是一种合理的安排,但我国需要建立一个能够让更多利益相关者充分参与的政府审计准则制定程序;我国政府审计人员的年龄结构比较合理,但文化结构不甚合理,不能满足高质量审计工作的要求;我国尚没有对政府审计人员的法律责任作出明确的规定,更无法在现实中对政府审计人员进行有效的约束。

六、注册会计师审计质量的保持机制

(一) 注册会计师审计质量保持机制的理论分析

审计"利益协调论"表明,审计既是利益相关者利益协调的机制,也是利益相关者利益协调的结果;审计制度安排是一个利益相关者利益协调的过程,它因利益相关者的利益关系的变化而变化(吴联生,2003)。政府是合作广度最大的集体,这一特征决定只有政府审计才能够代表包括所有社会公众在内的利益相关者对经营者进行监督;而政府受到有限规模的限制,它的经济有效的选择是将部分监督权委托给注册会计师,同时通过监督注册会计师审计质量达到监督经营者的目的;政府若要想对企业经营者行为进行有效的监督,它必须能够使注册会计师执行高质量高效率的审计工作;而要获得利益相关者对注册会计师的信任,政府必须要能够让利益相关者得知注册会计师审计的质量。[①] 这样,便给注册会计师审计质量保持机制提出了两方面的要求:(1) 它能够有效保持注册会计师审计质量,这是基础;(2) 它具有信号显示功能,能够从总体上使利益相关者了解注册会计师审计的质量问题并信任注册会计师的审计服务,这是必要条件。

政府对注册会计师审计质量保持机制的一个简单的选择,就是政府直接对注册会计师的审计过程和审计产品进行监督与评价。然而,审计是一个需要运用职业判断的复杂过程,政府[②] 对审计服务过程进行监控的难度很大,成本很高;而作为审计产品的审计结论,则是一种特性难以准确界定的无形产品(雷光勇,2001),政府对它的质量进行评价,同样难度大,成本高。可以这么说,政府对注册会计师审计进行直接的监督与评价的成本,决不会低于政府直接对企业经营者行为进行监督的成本,因为注册会计师制度本身就是挖掘企业经营者私人信息给利益相关者的一种装置,政

[①] 具体分析可参见吴联生(2003)。

[②] 政府本身就是作为利益相关者的社会全体成员的利益冲突与协调的结果,应该说,政府并没有自己的目标与利益,而是随着社会全体成员的利益冲突与协调的变化而变化。但是,它作为一个集体,对注册会计师进行管理与监督时,并不涉及到社会全体成员的利益冲突与协调,因此,它可以认为是有自己利益的主体。当然,这种利益也是社会成员的一致同意的结果。

府根本不可能对注册会计师进行终极审计。① 因此,政府直接对注册会计师的审计过程和审计产品进行监督与评价,或许能够有效保持注册会计师的审计质量,但从成本上来看,它不具有任何存在的价值;况且,政府如何对注册会计师审计过程和审计产品进行监督与评价,利益相关者很难得知,因而也就很难获得利益相关者的认可与信任。这样,注册会计师审计质量保持机制应该具备第三个特征:具有相对成本优势。因此,建立一种具有相对成本优势与信号显示功能的有效的注册会计师审计质量保持机制,是政府建立与发展注册会计师职业的基本前提。

现实中,不同国家对注册会计师审计质量的管理安排不尽相同。一个典型的例子是,美国在"安然公司破产案"爆发之前,由行业协会负责注册会计师审计质量的同业互查,而在此事件之后,美国已由政府对注册会计师审计质量进行原来的所谓"同业互查"的检查。但是,这并不能替代行业协会对注册会计师审计的管理。也就是说,在现实中,政府和行业协会都会对注册会计师审计质量进行管理,那么,注册会计师审计质量保持机制中的权力如何在两者之间进行安排?行业协会到底有多大的行业自律的权力呢?我们首先应该明确,能够接受利益相关者的委托而对企业经营者进行监督的只有政府,而注册会计师职业是由于接受政府委托而存在的。从逻辑的角度来分析,政府拥有监督和管理注册会计师审计质量的权力。当然,行业协会也可以对注册会计师审计质量进行管理,但这种管理必须服从于政府的管理,因为它的目的是使本行业注册会计师的审计质量能够获得政府更好的认可,能使政府继续将对企业经营者的监督权委托给会计师,从而使注册会计师行业获得生存与发展的机会。

从价值体现的角度上看,政府监管与行业自律则呈现出不同的特征。政府监管的特征是在当前的约束条件下使注册会计师审计的社会价值达到最大值,但由于政府不可能真正完全代表利益相关者的利益,因此,政府监管下的注册会计师审计的社会价值并不是注册会计师审计所能够得到的最大值。而行业监管由于代表的是注册会计师行业的利益,而注册会计师行业的利益又有短期利益与长期利益之分,从短期利益的角度来看,注册会计师行为是使自己获得最大的收益,从而使审计的社会价值最小化;而从长期利益的角度来看,注册会计师行业若要获得政府的委托而使自己生存下去,它必须使审计的社会价值最大化。另外,行业协会还具有政府

---

① 参考雷光勇(2001)。

监管所不具有的优势,即对于注册会计师审计质量中存在的问题以及如何提高注册会计师审计质量,行业协会具有信息优势。行业协会为了能够获得政府的委托,它也可能在一定程度上将这种优势付诸实施,从而创造一个政府监管所不能创造的社会价值。可见,行业自律下的注册会计师审计的社会价值有可能损害政府监管下注册会计师审计所能达到的基本社会价值,但它也可能给注册会计师审计带来新的增加值。一般来说,增加值相对于基本价值来说,要小得多。据此,我们非常容易地得出这样的结论:完全政府监管要优于完全行业自律。但是,完全政府监管显然还不是最优的安排,也是不可能实现的。一方面原因在于政府有限规模的限制,政府不可能履行所有与注册会计师质量管理相关的职责①;另一方面的原因在于政府监管下的注册会计师审计的社会价值并不是注册会计师审计的社会价值所能够得到的最大值。最大值是政府监管所保证的注册会计师审计的基本社会价值和行业自律带来的增加值。因此,最优的注册会计师审计质量保持机制应该是政府监管和行业自律的并存,而且其中权力的安排应该是:对审计质量具有决定性作用的管理权力由政府享有,而辅助性和补充性的管理权力则由行业协会享有。至于哪些管理权力是决定性的,哪些权力是辅助性和补充性的,下文予以分析。

(二) 注册会计师审计质量保持机制的权力配置分析

注册会计师审计质量保持机制一般包括注册会计师职业资格认定、审计标准制定、审计责任约束、审计质量控制和检查等5方面的内容,他们分别从不同的角度来保证注册会计师的审计质量,并共同构成一个有机的整体,对注册会计师审计质量进行贯穿审计前、审计中和审计后的全过程的保证。

审计是由注册会计师具体执行的,显然,审计质量首先与注册会计师的职业能力相关。注册会计师职业资格的认定就是对从业人员是否具备该职业所要求的能力进行认定,它是高质量审计服务的重要基础。注册会计师职业资格认定制度是随着注册会计师队伍的不断扩大但滥竽充数者不断增多而产生的。注册会计师职业资格认定的内容一般包括以下三个方面:(1) 基本教育要求。基本教育虽然不能直接决定注册会计师职业能力的大小,但它是代表注册会计师基本素质的典型变量,而基本素质则是

---

① 从注册会计师审计质量保持机制的具体构成,我们可以更加明确这一点。

职业能力的基础。目前,世界各国对注册会计师资格的认定,首先都有基本教育要求,特别是基本专业教育要求。(2)资格考试。这是对满足基本教育要求的、申请成为注册会计师的要求者所进行的一种正式的职业能力测试,它是一种对注册会计师职业能力的最低要求,从而从底线(bottom line)上保证从业者的职业能力。资格考试也是世界各国纷纷采用的注册会计师职业资格认定的最为重要的途径。(3)后续教育。通过基本教育要求和资格考试,政府已对注册会计师的职业能力有了一定程度上的保证,利益相关者也可以信赖注册会计师,但是,注册会计师的职业能力仅仅是相对于当时的职业环境而言的。知识是一个动态的变量,随着职业环境的变迁,注册会计师的知识也应该发生相应的变化,也就是说,注册会计师的职业能力不是一次性获得的,而是一个连续的过程。后续教育就是使首次具备职业能力的注册会计师,能够长期维持其职业能力的机制,目前,它也已为世界各国所广泛运用。(4)执业资格注册和定期检查。具备基本教育要求并通过资格考试的人员,只是说明了他们具备从事注册会计师职业的基本条件,但不是表明他们一定会从事该职业。显然,需要对从事该职业的注册会计师资格进行一种有别于非职业人员资格认定的环节,这便是注册会计师执业资格注册,它是对从业注册会计师执业能力的确认。同样由于职业环境的动态性,注册会计师的执业能力需要通过后续教育得到保持,当然也需要得到定期的确认,即需要对注册会计师执业资格进行定期检查。比较以上注册会计师职业资格认定的四个方面,我们认为,有关这四方面的规定由政府制定,在这些规则的执行方面,政府除了保留对注册会计师执业资格注册和检查的最终决定权以外,其余的都可以由行业协会来执行。其原因在于以下两方面:(1)有关基本教育要求、资格考试、后续教育以及执业资格注册和检查的规定是形成注册会计师执业能力关键,而有关这些规定的具体执行以及确定申请成为注册会计师的人员是否符合这些规定,则是该规则执行的组成部分,它们都服从于该规则本身,它对于注册会计师职业能力来说,起着基础性的、程序性的作用。(2)以上相关规则的执行,其工作量相当大,仅仅把这些规定的制定权由政府享有,也是一项充分考虑政府有限规模特点的合理安排。但是,政府必须过问行业协会对这些规定的执行情况,而政府保留注册会计师执业资格的注册和定期检查的权力,就可以控制行业协会对这些规定的执行质量,因为相对于其他的执行权力来说,它是注册会计师能否获得执业资格的关键。

审计是一个复杂的专业性工作,注册会计师的职业能力并不能代表高质量的审计服务,况且,审计服务的质量也可能因注册会计师的不同而不同。显然,要从整体上保证注册会计师审计质量,最具成本优势、最具信号显示功能的途径就是制定审计标准,它是指导注册会计师审计行为的一般原则,其作用的发挥贯穿于注册会计师审计的整个过程。正如时任美国注册会计师协会审计程序委员会主任布罗德(Samuel J. Broad)所指出的那样:注册会计师审计制度要为整个社会所信赖,就必须建立公认审计标准,旨在提高财务报表审计的质量。[①] 注册会计师审计标准的产生与发展的确也说明了这一点。目前,制定注册会计师审计标准已是世界各国发展注册会计师审计制度的重要途径。正因为审计标准的质量对注册会计师审计来说是至关重要的,因此,政府在审计标准制定方面必须拥有权力。同时,审计标准的制定是一个复杂、工作量相当大的过程,而这个过程是形成高质量审计标准的基础。因此,我们认为,审计标准的制定权应该在政府和行业协会之间进行合理分配,政府拥有对审计标准质量来说具有关键性的权力,而其他权力则由行业协会拥有。所谓关键性权力,我们认为,它包括审计标准立项、审计标准制定程序、审计标准颁布等各项权力。审计标准立项决定哪些审计标准需要制定,高质量的审计标准是从立项开始的;审计标准制定程序是决定审计标准能否充分考虑利益相关者利益要求和能否充分运用人类知识的关键,合理有效的审计标准制定程序是高质量审计标准的根本保障;而审计标准颁布权力则是对审计标准质量把关的最后环节,它是对审计质量的最后确认,有了这项权力,即使已经制定出来但尚待颁布的审计标准,政府仍然可以予以否定,从而使政府能够切实保证审计标准的质量。除此之外,审计标准制定的具体安排和具体操作,则可以由行业协会来组织和执行。事实上,这种安排或多或少也已经体现在世界各国审计标准的制定之中。如美国萌芽时期的审计标准"统一会计",它的制定实际上是联邦贸易委员会要求的,虽然具体的制定工作是由美国会计师协会进行的,但它是否具有指导注册会计师审计的效力,仍需要得到联邦贸易委员会和联邦准备局的认可;此后的"编制资产负债表的公认方法"和"财务报表的验证"则都得到了联邦储备委员会的认可;"公司账目审计"则是以注册会计师协会与纽约证券交易所共同合作的结果。而美国公认审计准则之所以能够在实践中指导注册会计师审计业务,其根据也来自于美国证券监督管理委员会(SEC)在"财务报告规则 S-X"中的规定:在审计

---

① 转引自文硕(1996)。

报告的范围区段,应记载"审计是否根据在当时的情况下适用的公认审计标准进行的",并对此规定作出如下解释:"本委员会认为,应由经过充分训练且具有职业能力的专家运用公认审计标准和公认正规的审计程序","公认正规的审计程序指的是熟练的会计师通常采用的审计程序和处理该问题的有权威团体(如各种会计团体和有管辖权的政府机关)规定的审计程序"。① 这实际上表明了 SEC 对美国审计程序委员会和审计标准执行委员会所制定的公认审计标准的认可。

注册会计师在执行业务过程中,若要严格执行审计标准并保持应有的职业谨慎,是要付出努力、需要对其进行投资的。从成本效益的角度来看,如果不需要付出努力就能获得同样的收益,显然,注册会计师不会选择付出努力,故注册会计师必然存在不严格执行审计标准、不保持应有的职业谨慎的经济动机。因此,必须对注册会计师的行为运用责任方式予以约束。对注册会计师审计责任的约束,它包括职业道德约束和法律责任约束两种方式。职业道德约束是指对注册会计师职业品德、职业纪律、专业胜任能力及职业责任等方面进行的具体约束②,其目的是通过提高注册会计师的职业道德,使注册会计师能够更好地执行审计标准和履行应有的职业谨慎,从而提高审计质量,规避审计责任。而法律责任约束则是对注册会计师没有严格遵循审计标准、没有履行应有的职业谨慎所作出的处罚,其目的是通过处罚来提高注册会计师的审计质量。大凡注册会计师已形成为一种专门职业的国家和地区,这两种约束方式都已被用来约束注册会计师的行为。相对而言,法律责任约束更加具有关键性的作用,因为职业责任约束是通过提高注册会计师的职业道德而规避法律责任,显然,法律责任是它的根本前提;其次,法律责任约束能够直接对没有严格遵循审计标准、没有履行应有的职业谨慎的注册会计师进行直接的处罚,而职业道德约束无法做到这一点。据此,法律责任约束的权力应该由政府享有,而职业道德约束的权力可以赋予行业协会。

审计质量控制和检查是对注册会计师审计质量在事中进行的控制和事后进行的检查。比较事中控制和事后检查来看,事后检查更具有决定性的作用,而事中控制则是为了能够通过在事中提高审计质量,从而能够最终经得起事后检查。因此,审计质量的事中控制可以由行业协会执行。一

---

① 历史资料引自文硕(1996)。
② 参考陈建明(1999)。

一般来讲,世界各国注册会计师行业协会都制定了审计质量控制准则,并要求会计师事务所按照审计质量控制准则的要求,建立和实施相应的控制政策和程序。审计质量控制制度也已是世界各国注册会计师行业协会自律性机制的重要组成部分,如美国注册会计师协会(AICPA)属下的"质量控制准则委员会"就是专门制定审计质量控制准则的机构。[①] 对注册会计师的事后检查,可以作为政府实施法律责任约束的一个重要渠道,从而提高法律责任约束的有效性。从这个角度来看,政府应该对注册会计师审计质量进行检查。但是,由于政府有限规模的限制以及对注册会计师审计检查的高成本性,决定政府不可能对所有的注册会计师审计进行检查,而只能抽查其中的一部分。当然,行业协会为了本行业的发展,它也会对注册会计师的审计质量进行"同业互查"。在职业界实行强制性的同业互查制度以前,某些会计师事务所就曾经自愿地实施同业互查。1974 年和 1975年,普华(Price Waterhouse)会计公司和安达信(Arthur Anderson)会计公司先后聘请杜罗斯(Deloitte Haskins & Sells)会计公司对其审计质量进行检查,揭开了同业互查的序幕。1977 年美国注册会计师协会(AICPA)创立了会计师事务所部,下设证券交易委员会业务处(SEC Practice Section)和非公共公司业务处(Private Companies Practices Section),要求加入的会计师事务所每隔三年必须至少接受一次同业互查,这标志着强制性同业互查制度的开始。[②] 当然,同业互查应该由行业协会执行。"安然公司破产案"爆发后,美国审计师自律监审机构——公共监督委员会已结束运作,取而代之的是一个政府机构。我们认为,这并不说明同业互查不重要,而只能说明美国政府对注册会计师审计质量的检查力度不够(吴联生、顾智勇,2002)。

总之,建立一种具有相对成本优势与信号显示功能的有效的注册会计师审计质量保持机制,是政府建立与发展注册会计师职业的基本前提。[③] 最优的注册会计师审计质量保持机制中的权力安排应该是:对审计质量具有决定性作用的管理权力由政府享有,而辅助性和补充性的管理权力则由

---

① 参考财政部注册会计师考试委员会办公室(1999)。
② 参考余玉苗(2000)。
③ 阿伦斯(A. A. Arens)和洛波克(J. K. Loebbecke)认为,影响注册会计师高质量执业的因素有:(1)注册会计师考试;(2)公认审计准则及其解释;(3)后续教育要求;(4)法律责任;(5)会计师事务所的分离;(6)职业行为准则;(7)证券监督管理委员会;(8)同业互查;(9)质量控制。参见 Arens and Loebbecke(1997)。

行业协会享有。根据这个结论,我们认为,政府在注册会计师审计质量保持机制中的权力与责任包括:规定基本教育要求、注册会计师考试、后续教育以及注册会计师执业资格的注册和定期检查的规定、保留注册会计师的执业资格注册与定期检查的权力、规定审计标准立项和审计标准制定程序、负责审计标准的颁布、对注册会计师进行法律责任约束以及对注册会计师审计质量进行抽查;而基本教育要求、注册会计师考试、后续教育以及注册会计师执业资格的注册和定期检查,应由行业协会具体执行,审计标准制定的具体安排和具体操作由行业协会组织和履行,职业道德约束、审计质量控制以及同业互查的权力也由行业协会享有。

(三) 我国注册会计师审计质量保持机制的改进

我国注册会计师审计质量保持机制伴随着注册会计师审计制度的产生而产生,并伴随着注册会计师审计制度的发展而发展,并已取得了卓著的成效。但是,这并不意味着我国注册会计师审计质量保持机制的安排不存在改善的空间。下文从注册会计师审计质量保持机制的 5 个方面对此进行分析,并给出简要的改进措施。

1. 注册会计师职业资格的认定。在我国恢复注册会计师审计制度之初,注册会计师职业资格的认定采用的是考核制度。1986 年,国务院颁布的《注册会计师条例》首次确立了注册会计师考试的规定,并于 1991 年 12 月举行了第一次注册会计师全国统一考试,此后每年举行一次。1994 年颁布实施的《中华人民共和国注册会计师法》(以下简称《注册会计师法》)第七条规定:"国家实行注册会计师全国统一考试制度。注册会计师全国统一考试办法,由国务院财政部门制定,由中国注册会计师协会组织实施。"关于应试人员的基本教育要求,《注册会计师法》第八条规定:"具有高等专科以上学校毕业的学历、或者具有会计或者相关专业中级以上技术职称的中国公民,可以申请参加注册会计师全国统一考试;具有会计或者相关专业高级技术职称的人员,可以免予部分科目的考试。"具备应试所需要的基本教育要求的人员考试合格后,发给全科或单科合格证书,全科成绩合格后,要成为注册会计师,还必须加入一家会计师事务所,具有两年审计工作经验。[①] 另外,我国财政部和证监会对从事证券、期货相关业务的注册会计师还提出了更为严格的条件:(1) 所在事务所已取得许可证或符合

---

① 参见 1994 年《注册会计师法》第九条。

申请许可证的条件;(2)具有证券、期货相关业务资格考试合格证书;(3)有执行独立审计业务三年以上的经历;(4)年龄不超过60岁;(5)以往三年内没有违反法律、法规和执业准则、规则的行为并年检合格。① 同时,《注册会计师法》还规定了不予以注册和撤销注销的具体情形。在注册会计师执业的过程中,我国还要求执业注册会计师接受的后续教育,3年累计不得少于180学时,其中每年不得低于40学时;接受脱产后续教育时间3年累计不得少于120学时,其中每年接受脱产后续教育培训时间不得少于20学时。注册会计师协会还专门出版用于注册会计师后续教育的系列教材。由此可见,我国政府对注册会计师职业资格的认定,已经包括了上文分析的四个方面,而且权力在政府部门与行业协会之间的分配,也与上文分析所得到的结论基本一致。特别值得肯定的是,考试制度代替考核制度,极大地提高了我国注册会计师的职业能力,提高了社会公众对注册会计师的信任度。由此,我们认为,注册会计师职业资格认定的安排因素,不是造成我国注册会计师审计存在质量问题的重要影响因素。

2. 注册会计师审计标准的制定。《注册会计师法》第21条规定:注册会计师执行审计业务,必须按照执业准则、规则确定的工作程序出具报告。同时在第35条中规定:中国注册会计师协会依法拟订注册会计师执业准则、规则,报国务院财政部门批准后施行。按照上述要求,中国注册会计师协会于1994年10月成立独立审计准则组,负责审计准则的研究制定工作,其成员由注册会计师协会、会计师事务所、科研院校等方面的专家组成;财政部还成立了审计准则中方专家咨询组和外方专家咨询组,对独立审计准则的制定进行系统论证和国际比较,并为独立审计准则组提供必要的咨询服务,其中,中方专家咨询组成员由政府有关部门、会计师事务所、科研院校等方面的专家组成,外方专家咨询组成员由境外会计师职业组织、国际会计师事务所等方面的专家组成。② 独立审计准则的制定包括以下6个步骤:(1)选定项目。独立审计准则组提出独立审计准则备选项目,经独立审计中、外方专家咨询组,征求有关方面意见,由财政部批准确定;(2)拟定初稿。独立审计准则组根据已选定项目,进行调查研究,起草初稿,中国注册会计师协会征询中、外方专家咨询组意见并据以草拟《征求

---

① 参见财政部、证监会《关于注册会计师执行证券、期货相关业务实行许可证管理的暂行规定》(财会协字[1997]52号)。
② 参考张龙平、陈建明(1997)。

意见稿》;(3)征求意见。财政部发布征求意见稿,广泛征求各有关部门及各地方注册会计师协会、会计师事务所、科研院校等有关方面的意见;(4)修改定稿。独立审计准则组根据各方面修改征求意见稿,中国注册会计师协会征询中、外方专家咨询组及有关方面意见后定稿;(5)发布。财政部批准发布独立审计准则;(6)修订。独立审计准则由中国注册会计师协会负责修订,财政部批准发布。① 当然,独立审计准则质量到底如何,需要通过具体的实践才能得知。然而,从独立审计准则制定方面也可以在一定程度上分析审计准则的质量。我国独立审计准则的制定权由财政部拥有,财政部委托注册会计师协会制定;在制定的过程中,试图吸收更为广泛的人员参加。按照上文的结论,这些规定是有利于独立审计准则质量的提高的。但是,其中仍然存在以下几个需要解决的问题:(1)政府没有规定独立审计准则制定的立项。这种安排可能使注册会计师行业的审计准则不能得到及时的制定,从而降低了审计质量。(2)政府需要对独立审计准则的制定程序进行修改并将其制度化。在我国独立审计准则的制定过程中,作为利益相关者的社会成员很少参加或发表意见,原因是多方面的,其中一个重要的原因是缺少具有社会公众参与性的程序。② 因此,我们认为,我国政府应该明确独立审计准则的立项,并制定明确的独立审计准则制定程序。

3. 注册会计师审计法律责任的约束。我国有关注册会计师审计法律责任的规定,主要体现在《证券法》和《注册会计师法》之中。《证券法》第202条规定:"为证券的发行、上市或者证券交易活动出具审计报告、资产评估报告或者法律意见书等文件的专业机构,就其所应负责的内容弄虚作假的,没收违法所得,并处以违法所得一倍以上五倍以下的罚款,并由有关主管部门责令该机构停业,吊销直接责任人员的资格证书。造成损失的,承担连带赔偿责任。构成犯罪的,依法追究刑事责任。"《注册会计师法》第

---

① 参考张龙平、陈建明(1997)。
② 独立审计准则没有在现实中得到有效的实施,也是社会公众很少参与独立审计准则制定的一个重要原因。

39条规定:"会计师事务所违反本法第二十条①、第二十一条②规定的,由省级以上人民政府财政部门给予警告、没收违法所得,可以并处以违法所得一倍以上五倍以下的罚款;情节严重的,并可以由省级以上人民政府财政部门暂停其经营业务或者予以撤销。注册会计师违反本法第二十条、第二十一条规定的,由省级以上人民政府财政部门给予警告;情节严重的,可以由省级以上人民政府财政部门暂停其执行业务或者吊销注册会计师证书。会计师事务所、注册会计师违反本法第二十条、第二十一条的规定,故意出具虚假的审计报告、验资报告构成犯罪的,依法追究刑事责任。"第42条规定:"会计师事务所违反本法规定,给委托人、其他利害关系人造成损失的,应当依法承担赔偿责任。"以上两个法律,对注册会计师审计责任的规定基本一致,都包括(1)没收违法所得;(2)处以违法所得一倍以上五倍以下的罚款;(3)暂停执行业务或者吊销注册会计师证书;(4)造成损失的,承担赔偿责任;(5)构成犯罪的,依法追究刑事责任。另外,《注册会计师法》还包含了警告这种处罚。从责任强度方面来看,它应该能够有效制约注册会计师审计行为,因为对他的罚款可以达到违法所得的五倍,对所有的损失承担赔偿责任,并还可能承担刑事责任。但是,该安排在现实中并没有发挥其应有的作用。从1996年2月至2001年2月间所受处罚的会计师事务所来看,其真正所受的处罚主要是警告、罚款、暂停执行业务、吊销执业证书等,而能够对利益相关者的损失进行赔偿的或者承担刑事责任的几乎没有。在2002年1月15日之前,法院不受理任何与注册会计师审计责任相关的案件;2001年1月15日,最高人民法院颁布了《关于受理证券市场因虚假陈述引发的民事侵权纠纷案件有关问题的通知》,应该说,它在执行注册会计师法律责任的规定方面取得重大的突破,但是,它仍然存在诸多不足,包括它设置了行政决定前置程序、只接受单独诉讼和共同诉讼这两

---

① 《注册会计师法》第20条规定:"注册会计师执行审计业务,遇有下列情形之一的,应当拒绝出具有关报告:(1)委托人示意其作出不实或者不当证明的;(2)委托人故意不提供有关会计资料和文件的;(3)因委托人有其他不合理要求,致使注册会计师出具的报告不能对财务会计的重要事项作出正确表述的。"

② 《注册会计师法》第21条规定:"注册会计师执行审计业务,必须按照执业准则、规则确定的工作程序出具报告。注册会计师执行审计业务出具报告时,不得有下列行为:(1)明知委托人对重要事项的财务会计处理与国家有关规定相抵触,而不予以指明;(2)明知委托人的财务会计会直接损害报告使用人或者其他利害关系人的利益,而予以隐瞒或者作不实的报告;(3)明知委托人的财务会计处理会导致报告使用人或者其他利害关系人产生重大误解,而不予以指明;(4)明知委托人的会计报表的重要事项有其他不实的内容,而不予以指明。对委托人有前款所列行为,注册会计师按照执业准则、规则应当知道的,使用前款规定。"

种方式而不能接受集团诉讼方式等,并且它也仅仅针对注册会计师对上市公司进行审计过程中的责任,而对非上市公司审计过程中的责任却仍然无法得到约束。我们认为,我国注册会计师审计之所以存在质量问题,关键就在于我国有关注册会计师法律责任的规定在现实中没有得到有效的实施。改进的途径就在于尽快建立有效的诉讼机制,使注册会计师的行为能够真正受到法律责任的约束。①

4. 注册会计师审计质量控制和检查的安排。我国对注册会计师审计质量的控制和检查,主要是审计署每年对注册会计师的审计质量进行抽查。应该说,这项制度是值得肯定的。但是,抽查力度还有待于进一步加强。如2001年审计署仅对16家会计师事务所的21份审计报告进行了抽查。我国注册会计师职业界也已认识到,提高注册会计师审计质量、提高社会公众对注册会计师审计的信任,不仅是我国政府在发展注册会计师审计过程中所要着重解决的问题,也是我国注册会计师职业界继续取得长足发展的根本所在,并建立了自律性的机制以保持注册会计师审计质量。我国注册会计师协会从1997年1月1日开始施行《中国注册会计师职业道德基本准则》,规定了注册会计师职业道德的一般原则、专业胜任能力与技术规范、对客户的责任、对同行的责任以及其他责任;1997年1月1日同时开始施行《中国注册会计师质量控制基本准则》,要求会计师事务所制定审计工作的全面质量控制政策与程序以及各审计项目的质量控制程序,实行全面质量控制和各审计项目的质量控制。但是,我国至今尚未实行同业互查制度,这在一定程度上将不利于我国注册会计师审计质量的提高。正如时任美国证券交易委员会首席会计师桑普森(Sampson)所指出的那样:同业互查虽不能避免所有审计失误,但的确有助于执行合格的审计。② 另外,我国也还没有实行轮换制度,即我国的企业可以一直由一家会计事务所进行审计,这可能使企业经营者和注册会计师的关系过于紧密,从而增加他们合谋的可能性。轮换制度虽然不能彻底消除经营者与注册会计师

---

① 这里可能还存在这样一个问题,即法院已经对注册会计师作出处罚,但事实中投资者的损失仍然无法得到补偿。而会计师事务所的组织形式则是其中的一个影响因素。因此,我国从这个角度出发,对会计师事务所的组织形式进行了激烈的讨论。我们认为,会计师事务所组织形式的规定,不能完全取决于投资者的损失能够得到保护的程度。事实上,只要对不同组织形式的会计师事务所规定了不同的限定条件,如执行业务的范围、注册资本的最低额等,投资者的利益都是可以得到保护的。而之所以可以允许会计师事务所采用不同的组织形式,因为不同会计师事务所的需求和选择是不同的。

② 转引自 Grisdela(1987)。

合谋的可能性,但至少可以降低他们合谋的概率。因此,实行同业互查制度和轮换制度,将有助于我国注册会计师审计质量的提高,同时,这也从另一方面说明我国注册会计师职业界还没有感受到大力提高注册会计师审计质量的重要性。

综上所述,虽然各项注册会计师审计质量保持机制尚处于初步建设与不断发展的过程之中,同时注册会计师职业界也还没有建立同业互查制度,但从基本制度的总体上考察,我国基本上形成了注册会计师审计质量的保持机制框架,它为我国注册会计师审计质量的提高提供了一个重要的基础。而其中需要加强和改进的,主要包括政府应该明确独立审计准则的立项,并制定明确的独立审计准则制定程序,政府应该尽快建立有效的诉讼机制,使注册会计师的行为能够真正受到法律责任的约束。

七、我国会计信息违规性失真的治理方案

根据上文研究的结论,可以总结出我国会计信息违规性失真的治理方案。我们所提出的我国会计信息规则性失真的治理方案,包括强化会计信息违规性失真的责任安排、有效执行会计监管、提高政府审计质量和提高注册会计师审计质量等四部分内容,具体如下:

(一) 会计信息违规性失真的责任安排

坚持1999年《会计法》中"单位负责人对本单位会计信息违规性失真负首要责任的安排",同时按照这种责任主体安排分别明确单位负责人和会计人员的责任。由于《会计法》是我国规范会计行为的基本法律,其他涉及到会计行为的法律,如《公司法》、《证券法》等,应该同《会计法》相协调,并保持基本一致。在此基础上,我们认为,有关会计责任强度的安排方面,应在1999年《会计法》的基础上,进行如下方面的修改或加强:(1) 在刑法和有关补充规定中明确单位负责人和会计人员在会计信息违规性失真中的刑事责任;(2) 按照"单位负责人对本单位会计信息违规性失真负首要责任"安排的要求,《会计法》在"法律责任"部分扩大单位负责人对会计信息违规性失真承担责任的范围,直至对所有会计信息违规性失真都负有首要责任;(3)《会计法》加大单位负责人对会计信息违规性失真的民事责任强度,并明确对此负责的政府部门。

(二) 有效会计监管的执行

监管部门应对我国会计规则执行者根据其贴现因子的大小进行类型的区分,并对每一类型中的会计规则执行者根据他们所真正能够感知的违规处罚程度进行分类;对于 $\delta < \dfrac{\mu}{2\alpha}$ 的会计规则执行者,最为关键的是提高会计监管的时效性,当然,这需要建立在一定的监管力度和惩罚强度的基础之上;对于 $\delta \geqslant \dfrac{\mu}{2\alpha}$ 的会计规则执行者,如果他们所感知的惩罚强度 βQ^2 中的系数 $\delta \geqslant \dfrac{2\alpha\delta - \mu}{4\delta^2 C}$,那么,所应实行的监管力度为 $P = \sqrt{\dfrac{2\alpha\delta - \mu}{4\beta\delta^2 C}}$;对于 $\delta \geqslant \dfrac{\mu}{2\alpha}$ 的会计规则执行者,如果他们所感知的惩罚强度 βQ^2 中的系数 $\beta < \dfrac{2\alpha\delta - \mu}{4\delta^2 C}$,那么,对这些会计规则执行者应实行全面的监管。

(三) 提高政府审计质量

我国政府审计隶属关系应该坚持审计署隶属于国务院,但应将地方政府审计机关隶属于当地政府改为隶属于审计署,实行单一的垂直领导体制;在政府审计准则制定方面,应建立一种开放式的政府审计准则制定程序,吸收国内外理论界和实务界的专家参与政府审计准则的制定,以充分运用已有的知识;让社会公众对政府审计准则发表充分的意见,使政府审计准则尽可能地成为他们利益冲突与协调之后的纳什均衡,其中,举行政府审计准则制定的听证会是可供参考的具体措施;在提高政府审计从业人员素质方面,应不断完善我国政府审计机构的人员结构,目前,应以引进高层次、高水平的人员为主;在法律责任方面,《审计法》应明确规定政府审计人员所承担责任的范围与强度。

(四) 提高注册会计师审计质量

财政部应该明确独立审计准则的立项,并制定明确的独立审计准则制定程序,其突出特点应该是公开性;建立有效的诉讼机制,使注册会计师的行为能够真正受到法律责任的约束;中国注册会计师协会负责实行同业互查制定和轮换制度。

八、小结

企业是社会公众合作投资的一个具体项目,它是股东、管理者、职工、债权人、供货商、购货商以及社会公众等利益相关者参与的一系列契约的联结。人力资源与其所有者的不可分离性,决定人力资源所有者直接经营管理企业,这样,经营者与其他利益相关者之间在企业的财务状况、经营成果以及资金流动方面便存在信息不对称。正是由于这种信息不对称,加之企业契约的不完备性,人力资源所有者的决策很可能让自己受益而使其他利益相关者受损。企业所有权在经营者和生产者之间的最优安排应该是经营者拥有剩余索取权和控制权,生产者得到合同工资并接受经营者的监督。这样,经营者存在违背已有的会计规则而披露虚假会计信息,以使自己受益而使企业其他利益相关者受损的动机。

会计信息违规性失真责任应该主要由经营者来承担,虽然会计人员也应对会计信息违规性失真承担责任,但他所承担的责任是第二位的。我国1999年《会计法》作出单位负责人对本单位会计信息质量负责的安排是合理的,但它对会计信息违规性失真的责任强度安排还不完全具有有效性,其中对会计人员的处罚是有效的,而对单位负责人的处罚不仅没有与"单位负责人对企业会计信息违规性失真负首要责任"的安排在口径上相一致,而且力度不够,远远不能使合理的会计信息违规性失真责任合约安排得到有效的执行。合理有效的会计信息违规性失真的责任安排,其能否得到有效执行,还取决于监管的有效性。最优事后会计监管的合适目标并不是要杜绝会计规则执行者的会计欺诈行为,而是将部分会计规则执行者的会计欺诈行为控制在一定的范围之内;最优的会计监管对于控制很看中当期收益的会计规则执行者的会计欺诈行为来说无能为力,控制这类会计欺诈行为的惟一措施在于提高会计监管的时效性;有效会计监管需要额外成本;并且有效会计监管实施的基本条件存在优先次序:首先区分不同类型的会计规则执行者,其次区分会计规则执行者所承担的他们真正能够感知的违规处罚,最后才是选择最优的监管力度。

有效会计监管有赖于政府监督机构的执行,政府审计是执行会计监管的最为主要的专业部门。审计制度安排是利益相关者利益冲突与协调的结果,高质量的政府审计使利益相关者的利益以他们利益冲突与协调的结果为标准而得到保护。不同国家的政府审计隶属关系的安排,与构成为政府的不同机构的职能和效果直接相关。而在不同的政治体制下,同一类型的政府机构的职能和效果有着很大的差别,因而也就形成了不同国家有不同的政府审计隶属关系的安排。但是,最优的政府审计隶属关系具有共同的特点,即它能够使利益相关者的利益以他们自己冲突与协调后的安排为依据而得到保护。在我国目前的政治体制下,政府审计机关隶属于国务院是一项比隶属于全国人民代表大会更优的安排,但地方审计机关所实行的双重领导体制降低了地方政府审计的质量和价值。建议改变地方政府审计的双重领导体制为单一的垂直领导体制,将地方审计机关从地方行政机关的权力范围中脱离出来,业务上和行政上都接受审计署的领导。政府审计标准应该由政府审计机构制定,但在制定的过程中应该通过一种机制,能够随时了解利益相关者对政府审计需求的变化,能够尽可能地运用更多人的知识。我国政府审计准则的制定由审计署制定是一种合理的安排,但我国需要建立一个能够让更多利益相关者充分参与的政府审计准则制定程序。政府审计机关在审计人员配备方面,从审计工作的贡献成本率的角度来看,宁愿使审计人员能力超过相应层次审计工作的要求,而尽量不要出现审计人员能力达不到相应层次审计工作要求的情况。我国政府审计人员的年龄结构比较合理,但文化结构不甚合理,不能满足高质量审计工作的要求。我国尚没有对政府审计人员的法律责任作出明确的规定,更无法在现实中对政府审计人员进行有效的约束。

  政府受到有限规模的限制,它的经济有效的选择是将部分监督权委托给注册会计师,同时通过监督注册会计师审计质量达到监督经营者的目的。建立一种具有相对成本优势与信号显示功能的有效的注册会计师审计质量保持机制,是政府建立与发展注册会计师职业的基本前提。最优的注册会计师审计质量保持机制要求:对审计质量具有决定性作用的管理权力由政府享有,而辅助性和补充性的管理权力则由行业协会享有。政府在注册会计师审计质量保持机制中的权力与责任包括:规定基本教育要求、注册会计师考试、后续教育以及注册会计师执业资格的注册和定期检查的规定、保留注册会计师的执业资格注册与定期检查的权力、规定审计标准立项和审计标准制定程序、负责审计标准的颁布、对注册会计师进行法律责任约束以及对注册会计师审计质量进行抽查;而基本教育要求、注册会计师考试、后续教育以及注册会计师执业资格的注册和定期检查,应由行业协会具体执行,审计标准制定的具体安排和具体操作由行业协会组织和履行、职业道德约束、审计质量控制以及同业互查的权力也由行业协会享有。我国基本上形成了注册会计师审计质量的保持机制框架,它为我国注册会计师审计质量的提高提供了一个重要基础。而其中需要加强和改进的,主要包括政府应该明确独立审计准则的立项,并制定明确的独立审计准则制定程序,政府应该尽快建立有效的诉讼机制,使注册会计师的行为能够真正受到法律责任的约束。

参考文献

财政部注册会计师考试委员会办公室,1999,《审计》,东北财经大学出版社。
陈建明,1999,《独立审计规范论》,东北财经大学出版社。
陈小悦、肖星、过晓艳,2000,"配股权与上市公司利润操纵",《经济研究》,1:30—36。
黄志忠,2001,"上市公司利润平滑的实证检验",未发表。
蒋义宏、魏刚,1998,"净资产收益率与配股条件",载《证券市场会计问题实证研究》,上海财经大学出版社。
靳明,2000,"从 ROE 的实证分析看上市公司的业绩操纵行为",《中国工业经济》,2:64—69。
雷光勇,2001,"注册会计师资格确认保持的经济学逻辑",《中国注册会计师》,2:16—18。
李晓、李晴,2004,"国家审计人员的素质结构",《中国审计》,4:67—68。
廖洪、余玉苗,1996,《审计比较研究》,武汉大学出版社。
刘开瑞,1994,"各国审计模式的分析与中国审计模式的选择",《当代财经》,7:46—49。
邱学文,1994,"我国国家审计体制改革的方向",《财经论丛》,1:49—52,封三。
荣兆梓,1995,"企业性质研究的两个层面",《经济研究》,5:21—28。
孙宝厚,1999,"国家审计基本理论问题思考提纲",《中国审计信息与方法》,5:14—15。
孙铮、王跃堂,2000,"盈余操纵:来自上市公司亏损及扭亏现象的现象证据",载《中国证券市场财务与会计透视》,上海财经大学出版社。
孙铮、王跃堂,2000,"资源配置与盈余操纵的实证研究",载《中国证券市场财务与会计透视》,上海财经大学出版社。
魏明海、谭劲松、林舒,2000,《盈利管理研究》,中国财政经济出版社。
文硕,1996,《世界审计史》,企业管理出版社。
吴联生,1998,"会计信息失真的类型划分及其治理",《浙江财税与会计》,4:13—14。
吴联生,2000,"投资者对上市公司会计信息需求的调查分析",《经济研究》,4:41—48。
吴联生,2002a,"政府审计隶属关系评价模型——兼论我国政府审计隶属关系的改革",《审计研究》,5:14—18。
吴联生,2002b,"会计域秩序与会计信息规则性失真",《经济研究》,4:68—75。

吴联生,2003,"利益协调与审计制度安排",《审计研究》,2:16—21。

吴联生、顾智勇,2002,"审计质量与注册会计师的责任",《中国注册会计师》,5:22—25。

吴联生、王亚平,2003,"有效会计监管的均衡模型",《经济研究》,6:14—19。

吴业崇、郭长水,1998,"由一审计行政诉讼案件引起的会计责任与审计责任的思考",《广东审计》,3:16—17。

杨瑞龙、周业安,2000,《企业的利益相关者理论及其应用》,经济科学出版社。

尹平,2001,"现行国家审计体制的利弊权衡与改革抉择",《审计研究》,4:43—46,2。

余玉苗,2000,"美国注册会计师职业界同业互查制度",《审计与经济研究》,1:34—36。

张立、徐荔榕,1996,"市场经济下国家审计发展趋势的探讨",《审计与经济研究》,5:15—16。

张维迎,1995,《企业的企业家——契约理论》,上海人民出版社、上海三联书店。

张维迎,1996,"所有制、治理结构与委托——代理关系",《经济研究》,9:3—15。

《中国审计体系研究》课题组,1999,《中国审计体系研究》,中国审计出版社。

赵宝卿,1996,"浅论我国现行国家审计体制的改革",《内蒙古财经学院学报》,2:38—40。

周海燕,1997,《论民间审计舞弊审计责任的历史演绎》,厦门大学硕士学位论文(打印本)。

周其仁,1996,"市场里的企业:一个人力资本与非人力资本的特别合约",《经济研究》,6:71—79。

周友梅,1997,《财务违纪行为甄别技术》,中国商业出版社。

Alchian, A., and H. Demsetz, 1972, "Production, Information Costs, and Economic Organization", *The American Economics Review*, 62(4): 777—795.

American Accounting Association (AAA), 1991, *A Basic Statement of Accounting Theory*.

Arens, A. A., J. K. Loebbecke, 1997, *Auditing: An Integrated Approach*, Prentice-Hall, Inc.

Belkaoui, A., 1993, *The Coming Crisis in Accounting*, London Quorum Books, New Westport Connecticut.

Berle, A. A., and G. C. Means, 1967, *The Modern Corporation and Private Property*, Harcourt, Brace and World, Inc., New York.

Boynton, C.E., Pl S. Dobbins, Gl A. Plesko, 1992, Earnings Management and Corporate Alternative Minimum Tax, *Journal of Accounting Research*, 30(Studies on Accounting and Taxation): 131—153.

Coase, R.H., 1937, "The Nature of the Firm", *Economica*, 4(16): 386—405.

Cornell, B., and A. Shapiro, 1987, "Corporate Stockholders and Corporate Finance",

Financial Management, 16(1): 5—14.

DeFond, M. L., C. W. Park, 1997, "Smoothing Income in Anticipation of Future Earnings", *Journal of Accounting and Economics*, 23(2): 115—139.

Dow, G., 1993, "Why Capital Hires Labour: A Bargaining Perspective", *American Economic Review*, 83(1): 118—134.

Fama, E., and M. H. Miller, 1972, *The Theory of Finance*, Dryden Press, Hinsdale, Ill.

Grisdela, C. S., 1987, "SEC Proposes Mandatory Peer Review of Accounting Firms of Public Companies", *The Wall Street Journal*, March(27): 1.

Han, J. C. Y., S. Wang, 1998, "Political Costs and Earnings Management of Oil Companies in the Persian Gulf Crisis", *The Accounting Review*, 73(1): 103—117.

Healy, P., 1985, "The Effect of Bonus Schemes on Accounting Decisions", *Journal of Accounting and Economics*, 17(1): 85—107.

Jensen, M., and W. Meckling, 1976, "Theory of the Firm: Managerial Behavior, Agency Costs and Ownership Structure", *The Journal of Financial Economics*, 3(3): 305—360.

Klein, B., and K. B. Leffler, 1981, "The Role of Market Forces in Assuming Contractual Performance", *Journal of Political Economy*, 23(3): 615—641.

Knight, F., 1921, Risk, *Uncertainty and Profit*, New York.

Schipper, K., 1989, "Commentary on Earnings Management", *Accounting Horizons*, 3(4): 91—102.

Stiglitz, J. E., 1985, "Credit Markets and the Control of Capital", *Journal of Money, Credit and Banking*, 17(2): 133—152.

Zingales, L., 2000, "In Search of New Foundations", *The Journal of Finance*, 55(4): 1623—1653.

第四章
人类有限性与会计信息行为性失真

以会计规则为依据能否生产出真实的会计信息,不仅取决于客观上会计规则与会计域秩序是否一致,以及主观上会计规则执行者执行会计规则时的行为动机,而且还取决于会计规则执行者主观见之于客观的具体执行行为,即他们是否能够完全恰当地将会计规则与具体经济现象联系起来并将其付诸实施。本章研究在会计规则执行者执行会计规则过程中产生的,但又不是因其主观故意而导致的会计信息失真,即会计信息行为性失真。首先从会计信息生产活动的主客体特征对会计信息行为性失真的客观存在进行理论分析,而后以会计信息行为性失真的成因分类为框架,分别从个体层面和群体层面对行为性失真进行详细分析,同时给出相应的存在证据与治理措施,最后给出我国会计信息行为性失真的治理方案。

一、会计信息行为性失真客观存在的理论分析

会计信息行为性失真指的是在会计规则执行者执行会计规则过程中产生的,但又不是因其主观故意而导致的会计信息失真。会计信息的生产活动可以概括为一个由会计规则执行者按照既定的会计规则对客观经济现象进行反映的过程,作为构造性因素存在的人类有限性[①],它决定了会计信息行为性失真的客观存在。会计规则执行者在执行会计规则时能否生产出真实的会计信息,除主观动机外,还取决于他:(1)是否真正理解了会计规则本来所要表达的意义;(2)是否真正把握了客观经济现象的本质;(3)是否把会计规则恰如其分地运用于会计处理之中从而合理地将会计规则与经济现象联系起来。然而,以上三方面都是以人的认知和能力为基础的。可以设想,如果会计规则执行者具有"无限非凡"的认知和能力,无论会计规则如何难以理解和把握,无论实际经济现象如何复杂,也无论抽象的会计规则与具体经济现象的距离有多大,会计规则执行者根据具体的会计规则和实际经济现象,都能够生产出真实的会计信息,那么,也就不存在会计信息行为性失真的问题了。但是,那种"无限非凡"的认知和能力,任何一个会计规则执行者都是不可能具备的,因为人类一个根本性的

本章由吴联生和李辰合作完成。
① 哈耶克认为构造性无知是人类存在的一个基本方面,参见 Hayek(1937)。

特征就是有限性①,"如果不理解人类的有限性,那就不理解人的本性",它"不仅仅是我们的局限的数目,相反,人类有限性把我们带到人的中心。"(巴雷特,1995)哈耶克(2001)在分析理性主义的时候曾经指出:"我们生活中至关重要的事实是:第一,我们并不是全知全能的;第二,我们必须每时每刻调整自己的行动以适应那些我们在此前并不知道的新事情;因此,第三,我们不可能根据一项前定的详尽计划——其间,人们事前便按照理性的方式对每一项特定行动进行调整并使它与每一项其他行动相适应——去安排我们自己的生活并使之有序。"这样,哈耶克把人类的有限性进行了具体化:(1)人的认知能力是有限的;(2)人的行动相对于新事物来说具有滞后性;(3)人的行动不可能是对事前计划的完全执行。会计规则执行者作为一个存在的人,有限性同样是他存在的构造性因素,这就决定了会计规则执行者对会计规则的执行不可能总是恰如其分的。

具体而言,人类有限性在会计信息的生产过程中表现在以下几方面:(1)会计规则执行者对会计规则理解的不完美性。当然,我们不能否定绝大多数人对某些会计规则的理解是非常透彻的,这就如我们不能否定绝大多数人能够看见色彩缤纷的世界一样;同时,我们必须承认肯定存在一些不能很好理解会计规则的会计规则执行者,况且会计毕竟是一门具有专业技术的学科,这就如同会有一些人是失明的,他们只能生活在黑暗的世界之中一样。从个体的角度来看,某一会计规则执行者对某一会计规则的透彻理解,既不能说明他对其他会计规则的透彻理解,也不能说明其他会计规则执行者对这一会计规则以及其他会计规则的透彻理解。而站在整个社会的角度来看,会计规则执行者处于不断的变化之中,因而,某些会计规则执行者尚未透彻理解会计规则就去执行的情况,总是客观存在的。同时,会计信息规则性失真的研究结论表明(吴联生,2002),作为一个有效的会计规则,它一定与会计域秩序是一致的。由于会计域秩序是一个动态过程,因而,与会计域秩序一致的会计规则必定也具有动态性。会计规则执行者不仅可能存在对已有的会计规则的理解问题,而且存在对处于不断制定过程中的会计规则的理解问题。总之,以上两方面说明某些会计规则执行者还未透彻理解会计规则就去执行的可能性会经常存在,这种可能性就决定了会计信息行为性失真的存在。(2)会计规则执行者对客观经济活

---

① 人类有限性与人的有限理性不完全一样,实际上,有限理性是人类有限性的一种表现,另外,人类有限性还包括即使人们已经理性地预期到了某种情况但仍然没有能力予以改变。

动实质把握的不完美性。会计规则执行者对会计规则的执行,不能仅依据客观经济活动的表面现象或者法律形式来进行,而应以客观经济活动的实质为根本依据。客观经济活动的一个重要特征就是它的实质不会自己明确地表现出来,而从客观经济活动的具体表现形式上看,它有真象和假象之分①,其中,真象可以如实地反映客观经济活动的实质,而假象往往是其反面。行为主体必须经过去伪存真、去粗取精、由表及里、由此及彼等一系列抽象思维活动才能真正把握经济活动的本质。同时,客观经济活动也具有动态的特征,对客观经济活动实质的把握是在其变化发展过程中的把握。可见,以有限性为构造性特征的会计规则执行者对具有假象干扰和动态变化的客观经济活动的把握,并不总是恰如其分的。(3) 会计规则执行者具体执行行为的不完美性。会计规则的具体内容是会计规则执行者将会计规则运用于具体实务之中的根本依据,即使会计规则执行者能够正确理解会计规则并对其具体运用做出了正确的判断,会计规则执行者仍可能在按照他的理解与判断对会计规则进行实施中发生错误,其原因仍然在于人类的有限性。人可以创造性地工作,但谁也无法保证他的每一个行为与他所想的完全一致。电脑是由人发明的,只要给它一个指令,它可以完全按照这一指令的要求进行工作;而人类却无法做到这一点,即使人类再聪明也对此无能为力。

可见,会计信息行为性失真是由会计规则执行者非主观故意行为所导致的,其根本原因在于人类有限性。会计规则执行者不可能具有"无限非凡"的认知和能力,由此决定会计规则执行者对会计规则理解的不完美性,对客观经济活动实质把握的不完美性以及他们具体执行行为的不完美性,而这些不完美的结果必定是产生会计信息行为性失真。

二、会计信息行为性失真:基本证据与再分类

会计信息行为性失真问题虽然已经在一定程度上受到关注,但是,能够直接用以说明行为性失真存在的直接证据相对来说比较少。不过,审计的产生和发展可以在一定程度上说明会计信息行为性失真的存在。揭示舞弊是审计发展第一个阶段的主要目标,随着审计向制度基础审计和风险

---

① 这里的"真象"指的是真的现象,而非真相。

导向审计阶段的发展,揭示舞弊虽然不再是审计的主要目标,但它一直是审计目标的重要组成部分。而检查错误和揭示舞弊一样,也是审计发展第一个阶段的主要目标。随着审计的发展,它逐步丧失了主要目标的地位,但也从来没有被淘汰出审计目标之列。① 实际上,"检查错误"在一定程度上是以会计信息行为性失真的存在为前提的。另外,我们还可以提供一个虽不完整但很确切的事实,作为会计信息行为性失真存在的基本证据:上海物贸信息工程公司对 1999 年 3 月 10 日至 3 月 16 日刊登年报的 59 家上市公司年报的编制正确程度进行了分析,结果有 13 家上市公司的年报编制不平衡,占上市公司总数的 22.03%;不平衡所涉及的项目数为 23 个,平均每个年报不平衡的上市公司编错 1.77 个项目;在"会计数据和业务数据摘要"中出现错误的共有 12 家上市公司,占上市公司总数的 20.34%;错误所涉及的项目数为 17 个,平均每个出现错误的上市公司写错 1.42 个项目。如果把两种错误综合起来看,共有 21 家上市公司至少出现一种错误,占上市公司总数的 35.59%;错误所涉及的项目数为 40 个,平均每个出现错误的上市公司写错 1.90 个项目。② 如果这 59 家上市公司年报的编制水平能够代表所有上市公司年报的编制水平,那么,35.59%的上市公司年报存在技术上的错误,可以说,会计信息行为性失真比较严重,况且能够被找出来并进行统计的错误还只是所有错误中的一小部分,因为统计者无法考查上市公司会计业务的整个过程,甚至无法确定年报中数据之间的所有勾稽关系,而只是关注了年报的整体平衡问题以及摘要与报表的一致性问题。③

从上文的会计信息行为性失真的具体例子来看,可以发现会计信息行为性失真在表现形式上具有多样性的特点。我们认为,会计信息行为性失真多样性的原因在于以下两方面:(1) 会计信息行为性失真的范围实际上是会计信息规则性失真和会计信息违规性失真相对于全部会计信息失真的补集,将由于会计规则执行者的非主观故意行为造成的会计信息失真都归为会计信息行为性失真,在概念界定上相对于前两者更模糊一些,所以

---

① 参考文硕(1996)。
② 以上数据是经过初步计算得到的,原始数据可参见上海物贸信息工程公司(1999)。
③ 当然,这些技术性的错误并一定完全都属于行为性失真,其中某些可能属于故意违背规则而形成的违规性失真。不过,我们认为其中大多数仍然属于行为性失真,因为如果属于故意违规的话,那么这种违规是太明显了的,是很容易被发现的,而一旦被发现就达不到违规所想要达到的目的。事实上,故意违规还有其他更加隐蔽的方法可采用。

其包含的内容也更加宽泛;(2) 人类行为所具有的复杂性也决定会计信息行为性失真的形式不可能是单一的或者是有限的几种,从数据收集到加工汇总、整理分析,最后生产出会计信息,几乎每一个环节都与人的行为密切相关,都存在着有形和无形的内外因素影响着会计规则执行者的行为,从而导致形形色色的会计信息行为性失真。

为了更好地研究并治理会计信息行为性失真,有必要对会计信息行为性失真进行再分类。① 行为学家列文将人类的行为(B)定义为个体心理或人格(P)与个体所处环境(E)的一个函数 $B = f(P, E)$:(王世定等,1997)。因此,在对会计信息行为性失真原因进行分析时,可以将其区分为与个体心理或人格相关的因素和与个体所处环境相关的因素两大类。前者导致了会计信息的个体性失真,即这类行为性失真只在某一个或几个会计规则执行者中出现,具有一定范围内的特殊性;后者导致了会计信息的群体性失真,即这类行为性失真在一群会计规则执行者甚至是整个会计行业的从业人员中出现,它具有普遍性。在个体性失真中,按照会计规则执行者所应当承担职业责任的不同,可以将其区分为过失性失真和非过失性失真,前者强调行为人的主观态度和应负有的职业责任,而后者则侧重于那些非个体主观努力就能够解决的对于个体而言不可逾越的行为约束。对于非过失性失真,根据其成因还可以进一步区分为智力性失真和非智力性失真。② 据此,我们可以得到如下图所示的会计信息行为性失真的结构。

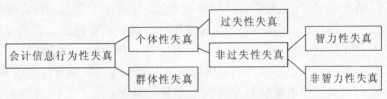

图 4.1 会计信息行为性失真的结构

---

① 从逻辑上讲,解决一个问题的根本方法是找到这一问题出现的原因,参照这些原因采取有针对性的措施展开治理。对于这些原因的分析也许会是抽象的和近乎机械的,但这是解决问题必要的一步,其实际意义在于由这些原因导出的解决对策一旦联合起来实施将会产生很好的效果。在实际解决问题时,显然这些对策不是孤立的,可以双管甚至多管齐下,这样有助于问题得到更好的解决。因为问题产生的原因是错综复杂相互交织的,所以最后的解决依然要回到综合的方法上去。

② 教育学和心理学通常从智力和非智力两个角度来分析个体行为,对于非过失性失真,我们也可以将其区分为智力性失真和非智力性失真。

三、个体性的过失性失真：疏忽大意与过于自信

一般而言，法律意义上所判定的过失行为，指的是行为人对自己的行为所可能产生的后果有一种合理注意的义务，但是他没有尽到这种义务，而且其行为对其他社会成员产生了损害，即他的行为与实际损失存在事实上的因果关系。法律中的过失主要是相对于责任人对危险的注意而言的，我们将过失的概念运用到对会计规则执行者行为的分析中，它则是指对于可观察到的会计信息失真，一个正常的、理性的会计规则执行者应该能够预见到这种失真的发生，因而他负有一种合理注意的义务，但他实际上并没有采取有效的措施加以避免。其中，对于一个"错误"的"合理注意"，取决于该种"错误"被注意的程度、"错误"的大小，以及"错误"的重要性。即如果注意的程度低于平均水平，在关键问题上出现了较严重的错误，那么就认为会计规则执行者没有尽到合理注意的责任。

过失通常可以区分为疏忽大意和过于自信两类。疏忽大意的过失是指由于当事人集中注意力的程度不够而没有意识到错误的存在。它是一种无意识的错误，虽然行为人负有合理注意的义务，但是一个人的主观状态，包括精神集中程度、精力投入程度、提防错误发生的谨慎程度等等，都处于不断波动之中，不可能始终维持在一个恒定的水平之上，因此，疏忽大意的过失必然存在，并且不能为会计规则执行者自己所预见。疏忽大意所造成的会计信息失真，多发生于基层会计工作者和会计基础工作之中。过于自信则指当事人已经预见到错误可能存在而没有尽到检查核实的义务，认为自己犯错误的可能性很小或根本不会犯错误。过于自信的过失程度以及由其造成的会计信息失真程度都比疏忽大意的高，其原因在于过于自信更多见于会计工作的管理者，他们所涉及的事项具有更大的重要性，并且他们被寄予的主观注意程度的期望也更高。

我们对《中国资讯行——上市公司文献库》所收录的1995年至2002年的1 380份上市公司的补充公告和1997年至2002年的889份更正公告

进行分析①,发现其中对补充公告和更正公告的原因进行解释时,至少提到如下 5 个方面:疏忽、笔误、计算错误、遗漏和失误。② 我们认为,对于疏忽和笔误,行为人主观过失程度低,它们属于疏忽大意的过失;而计算错误、遗漏和失误涉及相对更加复杂的会计处理活动,需要更高的合理注意程度,它们属于过于自信的过失。③ 具体统计数据详见下表。

表 4-1 补充公告中的过失

补充公告中过失的类型与分布									
	1995	1996	1997	1998	1999	2000	2001	2002	合计
补充公告	1	29	55	61	153	134	574	373	1 380
疏忽	0	0	1	2	2	17	27	27	76
笔误	0	1	0	0	0	0	3	2	6
计算错误	0	0	0	0	0	1	0	0	1
遗漏	0	5	6	4	16	9	45	130	215
失误	0	1	0	1	9	6	9	15	41
五类合计	0	7	7	7	27	33	84	174	339
该类过失占当年全部补充公告的比例									
	1995	1996	1997	1998	1999	2000	2001	2002	合计
疏忽	0	0	0.02	0.03	0.01	0.13	0.05	0.07	0.06
笔误	0	0.03	0	0	0	0	0.01	0.01	0
计算错误	0	0	0	0	0	0.01	0	0	0
遗漏	0	0.17	0.11	0.07	0.1	0.07	0.08	0.35	0.16
失误	0	0.03	0	0.02	0.06	0.04	0.02	0.04	0.03
五类合计	0	0.24	0.13	0.11	0.18	0.25	0.15	0.47	0.25

---

① 截止至笔者统计时,该数据库中收录了自 1995 年 1 月 20 日至 2003 年 7 月 4 日发布的补充公告累计 1 477 份,自 1997 年 4 月 3 日至 2003 年 7 月 4 日发布的更正公告累计 965 份。但为了使各个年度的数据具有可比性,我们只保留了完整年度的统计数据作为分析对象。另外,1995 和 1996 年没有上市公司发布更正公告,故这部分数据为 0。

② 不同公司对补充公告和更正公告原因的表述可能存在不统一的问题,在我们的统计中没有考虑那些虽然也是由于疏忽大意或者过于自信而修正财务报告但是没有给出明确解释的公告。因此可以认为,实际中存在的过失性会计信息失真只能比我们统计的多而不会少。

③ 同样,这些疏忽、笔误、计算错误、遗漏和失误并非一定都属于行为性失真,其中某些可能属于故意违背规则而形成的违规性失真。由于同样的原因,即故意违规还有其他更加隐蔽的方法可采用,并且本身发布补充公告和更正公告也就表明其故意违规的可能性不大,因此,我们认为其中大多数仍然属于行为性失真。

表 4-2 更正公告中的过失

更正公告中过失的类型与分布

	1995	1996	1997	1998	1999	2000	2001	2002	合计
更正公告			10	44	67	117	420	231	889
疏忽			0	4	4	33	62	59	162
笔误			0	1	0	2	15	16	34
计算错误			0	0	4	3	2	8	17
遗漏			0	2	2	3	5	39	51
失误			3	3	0	27	31	39	103
五类合计			3	10	10	68	115	161	367

该类过失占当年全部更正公告的比例

	1995	1996	1997	1998	1999	2000	2001	2002	合计
疏忽			0	0.09	0.06	0.28	0.15	0.26	0.18
笔误			0	0.02	0	0.02	0.04	0.07	0.04
计算错误			0	0	0.06	0.03	0	0.03	0.02
遗漏			0	0.05	0.03	0.03	0.01	0.17	0.06
失误			0.3	0.07	0	0.23	0.07	0.17	0.12
五类合计			0.3	0.23	0.15	0.58	0.27	0.7	0.41

表 4-3 补充公告与更正公告中的过失

补充公告与更正公告中过失合计

	1995	1996	1997	1998	1999	2000	2001	2002	合计
公告合计	1	29	65	105	220	251	994	604	2 269
疏忽	0	0	1	6	6	50	89	86	238
笔误	0	1	0	1	0	2	18	18	40
计算错误	0	0	0	0	4	4	2	8	18
遗漏	0	5	6	6	18	12	50	169	266
失误	0	1	3	4	9	33	40	54	144
五类合计	0	7	10	17	37	101	199	335	706

(续表)

该类过失占补充公告与更正公告总数的比例									
	1995	1996	1997	1998	1999	2000	2001	2002	合计
疏忽	0	0	0.02	0.06	0.03	0.2	0.09	0.14	0.1
笔误	0	0.03	0	0.01	0	0.01	0.02	0.03	0.02
计算错误	0	0	0	0	0.02	0.02	0	0.01	0.01
遗漏	0	0.17	0.09	0.06	0.08	0.05	0.05	0.28	0.12
失误	0	0.03	0.05	0.04	0.04	0.13	0.04	0.09	0.06
五类合计	0	0.24	0.15	0.16	0.17	0.4	0.2	0.55	0.31

根据以上统计数据，我们可以得到如下结论：(1) 从总量的统计结果看，会计信息过失性失真现象一直存在，并且有扩大的趋势。这不仅体现在绝对数量逐年增大之上，也体现在它们在两类公告中所占的比例也有增加趋势之上。这种情况一方面说明现行的制度和有关法律法规对这类行为性失真的容忍度很高，即现行的制度和有关法律法规对行为性失真惩戒措施不多、处罚力度不大；另一方面则说明会计规则执行者越来越倾向于将自己工作的过失归咎为这类被认为似乎是"情有可原"的原因，从而逃避自己所本来应当担负起的"合理注意"的义务。(2) 五类原因合计数量与上市公司发布的两类公告在总量变化趋势上大致相同，说明这五类原因的确直接导致了会计信息行为性失真的存在，并且是分析两类公告产生原因时不可忽视的影响因素。对于变化趋势不同步的年度，我们认为是非过失性原因以及群体性原因发挥了更大的影响力，另外也与上市公司对两类公告产生原因的解释趋于多样性(即不明确指出是何种原因或者措辞含蓄)和统计手段[①]有关。(3) 统计数据明显地显示出概括性强的原因(如疏忽和失误)数量多，而相对具体的原因(如笔误、计算错误、遗漏)则较少。从心理学的角度讲，人们在归因时会存在行为者——观察者偏差[②]和自我服务偏差[③]，发布两类公告的会计规则执行者倾向于将自己的过错(显然，他们还是能够意识到发布公告是一件不好的事情)归结为那些与难以

[①] 受检索工具的限制，有些内容相同但披露媒体不同的补充公告和更正公告是被当作不同的样本单元统计的，所以也会使结果存在偏差。

[②] 行为者—观察者偏差是指归因时行为者倾向于将他们自己的行为归因于外在情境因素，而观察者则倾向于将同一行为的原因归结为行为者稳定的内在特征，详见艾森克(2000:557)。

[③] 自我服务偏差是指归因时感知者倾向于将受赞许的行为归因为他们内在的心理原因，而将不受欢迎的行为归因为外在环境方面，详见艾森克(2000:557)。

避免的人类有限性有关的原因(即表述更加抽象和概括的原因),而不是那些过多联系到自身努力程度的原因(即对自己过错的详细解释)。

相对来说,疏忽大意所造成的会计信息失真的过失程度较低,故在治理措施方面应该更多地考虑如何通过鼓励的方式,来提高会计规则执行者的工作投入程度和工作责任感。心理学研究发现,人的行为动机与"自我"概念有关。独立型自我的文化(西方国家)中,一般的行为规则是与其他人保持独立并且要努力发现和表现自己与众不同的特质,一个人主要通过参考个人思考、感受以及行动的内在技能来组织行为并且使之有意义,因而,行为动机往往强调一些内在的、个体根深蒂固的需要。与之形成鲜明对比的是,依赖型自我的文化(亚洲的一些国家)中,人们对自我和人际关系的认识与周围其他人联系更多而区别更少,自我概念中包含着更多的公共元素,依赖性自我的文化鼓励人们尽量和其他人取得一致,履行自己在人际关系中应当履行的义务,并且每个人一般都会成为各种各样的社会关系中的一部分。特别地,有研究结论表明,在中国人的行为动机中,对社会导向的成就有相对较高的需求,即希望自己尽可能满足大多数其他社会成员的预期;中国人的行为很多都是成就导向的,而这种成就又多源于对群体的适应和满足(Markus and Kitayama,1991)。因此,我国会计规则执行者的行为不仅是其自由选择行动的结果,是其稳定的人格品质的一种系统反映,而且这种行为也有其产生的环境因素,其中职业角色起着十分重要的作用。职业角色意识[①] 是某一职业的从业人员将社会对其职业的角色期望内化为自我意识和自我看法的结果,它是来自于自我对职业的一种主观认识。这种主观意识或态度一旦形成,就会在很大程度上支配着人们的职业行为(周晓虹,1997:387)。会计人员的成就需要突出表现为对自己所从事行业的高度认可和强烈的职业归属感。从表面上看,很多会计信息失真可以被归结为会计从业人员的责任心不够强、态度不认真,但如果再进一步探索其深层次的原因,不可否认,目前整个社会对会计职业的职业角色定位比较低是其重要的原因之一。因为整个社会对于会计行业的诚信都产生了置疑,这自然会影响到会计行业内部的成员的自我定位问题,随之降低的则是会计从业人员约束自己职业道德的标准和对自己所从事工作的投入,那么越来越多的"疏忽"也就在所难免了。

---

① 职业角色意识区别于职业声望,后者是指公众对某一职业在社会中地位的一种评价,参考周晓虹(1997)。

而对于过于自信所造成的会计信息行为性失真,治理措施则主要在于加大监督力度和惩罚支出。假设会计规则执行者的努力程度为 e(它实际上是过于自信程度的反面指标,即会计规则执行者努力程度越高,他就越不过于自信),这种努力水平给他带来的负效用为 $-v(e)$, $e\in[0,1]$, $v(e)\geqslant 0, v(0)=0, v'(e)>0, v''(e)>0$;假设监管力度为 $P(P\in[0,1])$,对会计规则执行者的惩罚为 $Cf(e)$, $C>0, f(e)\geqslant 0, f(1)=0, f'(e)<0, f''(e)<0$。有效的监管策略应满足

$$-Cf'(e)>v'(e) \text{ 且 } \frac{v''(e)}{v'(e)}>\frac{-f''(e)}{-f'(e)}$$

那么,会计规则执行者对努力程度的决策问题即为

$$\max_{e} EU = -v(e) - PCf(e)$$

$$\frac{dEU}{de} = -v'(e) - PCf'(e)$$

$$\frac{d^2EU}{de^2} = -v''(e) - PCf''(e)$$

当 $\dfrac{v''(e)}{-f''(e)}>PC$ 时,$e^* = \{e|\sup[EU(0), EU(1)]\}$,其中

$$EU(0) = -v(0) - PCf(0) = -PCf(0)$$
$$EU(1) = -v(1) - PCf(1) = -v(1)$$

显然,当 $-PCf(0) < -v(1)$,即 $PC > \dfrac{v(1)}{f(0)}$ 时, $e^* = 1$。

当 $\dfrac{v''(e)}{-f''(e)} \leqslant PC$ 时,$\dfrac{v'(e^*)}{-f'(e^*)} = PC$。由于 $\dfrac{v''(e)}{v'(e)} > \dfrac{f''(e)}{-f'(e)}$,

$$\frac{d}{de}\left(\frac{v'(e)}{-Cf'(e)}\right) = \frac{v''(e)[-f'(e)] - v'(e)f''(e)}{Cf'^2(e)} > 0$$

则 $\dfrac{v'(e)}{-Cf'(e)}$ 随 e 的增加而增加;由于 e 的增加不改变 C 的值,因此,$\dfrac{v'(e)}{-f'(e)}$ 一定随 e 的增加而增加。也就是说,当 PC 增大时,e^* 也一定增大,即较高的监督力度和惩罚支出提高了会计规则执行者执行会计规则的努力程度,从而降低了过于自信的程度。

需要特别指出的是,计算机技术的广泛运用可以在一定程度上同时降低疏忽大意和过于自信所造成的会计信息行为性失真的程度。计算机功能的实现完全是按照一套严密的数理逻辑的规则来完成对信息的加工处理,其对数据的管理和监控具有高度的内部一致性,信息传递过程中不会

存在任何的遗漏和扭曲。同时,赋予会计软件检查核实的功能在程序设计的技术上并不是问题,因而它便可以更加有效地降低疏忽大意和过于自信所造成的会计信息行为性失真的程度。

四、个体性的非过失性失真:智力因素视角

过失性失真强调会计规则执行者在行为上负有一定程度的过错责任,虽然这种过错并非其故意且仅仅表现为一种过失责任,但依然要受到职业道德上的谴责乃至承担法律责任。在会计信息失真的个体因素层面,还有一些是行为主体不必因其存在而受到责备的非过失性失真,它往往是会计规则执行者在一个具体的历史环境下所无法左右的。教育学和心理学通常将个体行为的动因区分为智力因素和非智力因素,因此,我们也可以从智力因素和非智力因素两个方面来考察非过失性失真。

对于什么是智力,学术界至今也没有完全一致的结论。西方心理学界对智力的解释主要集中在四个方面:(1) 推理和判断的抽象思维能力;(2) 以抽象思维为核心的多种认知能力的综合;(3) 学习能力;(4) 对新环境的适应能力。我国《辞海·教育心理学分册》对智力的解释是:智力通常又称为智慧,指人认识客观事物并运用知识解决实际问题的能力;集中体现在反映客观事物的深刻、正确、完全的程度上,往往通过观察、记忆、想像、思考、判断等表现出来;智力包括观察力、注意力、记忆力、思维力、想像力等(郭淑琴,1999:207)。20 世纪 30 年代,英国心理学家兼统计学家斯皮尔曼(1999:83)对智力提出了"两因素论",他认为智力由一般因素和特殊因素组成,一般因素代表一个人的普通能力,虽然在人与人之间是自由变动的,但在一个人的所有能力方面是保持不变的,它参与所有的智力活动;特殊因素代表完成某一特殊作业的能力,不但在人与人之间是变动的,而且即使对于同一个人来说,从一种能力到另一种能力也是变动的,它只参与特殊的活动。完成任何一种作业都是由一般因素和特殊因素共同决定的。根据以上研究结果,我们认为,具体到会计领域,智力的内涵可以理解为以下几个方面:

1. 根据已有的会计知识对实际业务进行职业判断的能力。由于会计规则具有普遍适用性,而会计规则执行者所面对的是具有特殊性的经济业务,将具有特殊性的会计规则和具有特殊性的经济业务联系在一起,需要

依赖职业判断能力;另外,会计规则的制定相对于实际会计业务的发展总是存在一定的时滞性,而且其内容不可能穷尽所有的会计业务。会计规则执行者在具体的会计日常工作中所面对的实际问题,不可能都能在会计规则中找到相应的处理方法,必须也只能以个人对会计规则的基本概念和基本原则的理解为出发点,通过逻辑思维得出应该采用的会计处理方法,这也需要职业判断能力。职业判断能力是会计规则执行者抽象思维能力的核心表现,提高职业判断的准确性有助于减少会计信息的行为性失真。我国目前现行的会计规则(主要如会计准则和会计制度等)所提供的职业判断的空间相当大,具体表现为以下几个方面:(1) 一些会计科目确认和计量的标准需要具体问题具体分析。以一贯被认为最容易把握的会计科目——现金为例,对于那些用途受到限制的现金需要依据其受限制的程度和期限的长短,分别列作其他流动资产或其他长期资产,并不在现金科目中反映。会计准则对于受限制的程度和时限没有给出具体的标准,需要依靠会计人员自己做出判断;对于计提存货跌价准备的企业,需要将存货的历史成本与可变现净值进行比较,但是会计准则只提供了确定后者的三个基本原则,会计人员还要视存货的持有目的自行确定计量基础。(2) 会计规则给出多种会计方法供会计规则执行者选择,但又没有具体指明各种方法的适用条件。如对坏账损失的确认应当采用备抵法,至于具体应采用应收账款余额百分比法、赊销百分比法还是账龄分析法,每种方法计提的比例又是多少,会计制度并没有回答;会计制度提供的固定资产折旧方法有直线法和加速折旧法(主要是年数总和法和双倍余额递减法),但是对于这些会计方法的取舍可能造成的不同经济后果以及固定资产的具体特性都需要会计规则执行者自己判断;又如对于长期债券投资溢折价的摊销方法,应采用直线法还是实际利率法在会计准则中也没有说明选择的依据。(3) 会计规则提供了很多需要视企业具体情况而定的非量化标准。如长期投资的投资收益按照投资单位对被投资单位的实际控制程度不同,通常有两种确认方法——成本法和权益法,选用哪种方法与投资单位对被投资单位的影响程度有关。会计准则给出了拥有被投资单位20%—50%(重大影响)和50%(控制、实质控制)以上表决权资本的量化标准,同时也指出,在不满足以上量化标准时,可考虑以对被投资单位财务和经营政策等其他方面存在影响的程度来决定选用何种会计方法,而后者恰恰需要会计人员的职业判断。这种需要会计人员去判断并最终做出正确决定的例子在具体会计准则中还有很多,随着具体会计准则的陆续出台,这种情况将会更多。(4) 会计准则无法对所有的业务都给出具体的规定。例如编制合并报表时企业以固定资产对外投资,会计应如何反映,我国会计规则没有明确的规定;另外,我国的会计准则中目前还没有关于汇率变动、物价变动和金融工具相关业务的规定,关于政府补助会计和政府援助的披露、每股收益以及终止经营的会计准则也只是发布了征求意见稿,正式的会计准则尚未颁布,因而目前这类业务的处理不得不完全依赖会计规则执行者的职业判断。

2. 不断学习会计新知识的能力。会计域秩序的动态性决定有效的会计规则必须不断适应新经济业务和经济现象的要求,及时加以调整和修正,从而要求会计规则执行者必须能够紧跟会计规则变化的节奏,尽快适应会计规则的发展。要把握这些不断更新的会计规则,只有不断学习才能真正掌握,才能更好地适应目前对会计工作的要求。比如,每当有重大会计规则变更时,都会有很多辅导性的教材面世,也会出现很多培训计划,以帮助会计从业人员尽快掌握新的规定。这些从侧面反映了提升这种能力对解决会计信息行为性失真的重要作用。另外,信息技术革命导致的经济活动不确定性的提高与全球经济一体化趋势的加强,都对会计人员的学习能力提出了较之于以往更高的要求。信息传递的速度与日俱增,交易活动和企业决策瞬息万变,商业活动的空间被无限扩展,会计主体及其之间的关联关系变幻莫测,这些都大大提升了会计处理的风险以及企业经营的风险,后者又对高质量的会计信息提出了更为迫切的要求。而全球经济一体化趋势的加强使得跨国公司层出不穷,便捷的通讯和交通手段极大地拓展了企业的活动范围,不同国家和地区的资本市场联合起来,利率变化、股价变动、汇率变动以及政治环境的变动使得企业完全暴露在全球市场的各种不确定性和风险之中。对这些不确定性进行有效的监控、防范和核算从而降低其所带来的风险和损失,已经成为当今会计理论界和实务界面临的一大难题。特别地,为在迅速变化的投资环境中规避风险而创造出的金融衍生工具正处于日新月异的发展阶段。这些都对会计规则执行者的学习能力提出了更高的要求。心理学研究表明,人类学习过程中存在着学习曲线效应,即对新知识的掌握和理解程度是投入时间的增函数,而其增加的速度则因人而异。因此,会计从业人员只有不断提高学习新知识的能力,在相对较短的时间内尽快掌握更多新的会计规则和方法,才能更好地适应目前对会计工作的要求,从而切实提高会计信息质量。

3. 对于带有特殊行业性质的新的工作岗位的适应能力。会计规则执有非理性(艾森克,2000)。在会计日常工作中,一些经济现象的本质并不轻易地表现出来,需要会计人员广泛寻找线索,挖掘其背后深刻的经济含义,若仅仅依赖可得性启发式,必然也会造成会计信息的行为性失真。如我国会计准则将关联方关系定义为"在企业财物和经营决策中,如果一方有能力直接或者间接控制、共同控制另外一方或对另外一方施加重大影响,双方即为关联方关系;如果两方或多方同受一方控制,则受控制的两方和多方也构成关联方关系"。对于控制、共同控制、重大影响等,会计准则均有细致规定,其中,既有明确的量化标准,也有陈述性标准。但是,在会计实务中,确认的标准往往是可以量化的标准,因为这些标准对于会计人员而言是更为易得的,而那些相对隐蔽的但却可能更能揭示真正经济实质的标准却被忽略了。

2. 信仰偏见和功能性固着可能会导致思维差错。信仰偏见(brief hias)是指人们对业已相信的东西深信不疑,并且总是依据自己相信的认识做出判断,而不管结论实际是真是假(艾森克,2000:392)。这就意味着,在会计规则执行者具体的思维过程中,他们往往倾向于依赖旧知识进行职业判断。在新的会计规则颁布执行的最初一段时间,会计人员仍然会下意识地向头脑中固有的知识(即以前的会计规则)寻求解决方案。特别是当会计规则的修改不是革命性原则性的修改而只是渐进式细节性的修订时,更容易引起职业判断依据选择的偏差,从而导致会计信息行为性失真。如最近颁布的固定资产会计准则中对于应当计提折旧的资产范围的修改,较之于旧准则只是更加严格和谨慎,删去了可以计提折旧的资产范围,只保留了不计提折旧的固定资产,但是企业中的会计人员在具体判断时,难免由于某项固定资产与其头脑中旧准则下应当计提折旧的资产不符而忽视对其进行计提折旧的会计处理,从而提供错误的会计信息。功能性固着(Functional Fixedness)是指当人心中对一个客体有一种固定功能理解之后,会忽略其他可能的功能倾向。邓克尔(Duncker)1945年的研究结论表明,人们根据过去的经验,往往认为某种物体只有很少的几种功能或用途;陆钦斯(Luchins)在1942年的研究中发现,当人们遇到了好几个能用一样方法解决的问题后,他们就接受了一套固定的问题解决的办法,即便此后用在别的问题上不太合适,人们也难以放弃这套方法(艾森克,2000:372)。定势、习惯化造成了一种机械的心理状态和对问题的盲目态度,人们无视问题本身的特点,机械地应用某种用过的方法。会计人员对于应收账款科目的认识,主观上往往认为它是资产类科目,因而它的减少就意味着资产的减少。但实际上,当这个科目出现贷方余额时,其性质相当于预收账款,本质上反映的却是负债的增加,这与前者含义是有差别的,也是容易被忽视的。

3. 人们在问题解决的过程中受到迁移作用、不相干多余信息干扰、动机和情绪以及思维定势的作用等诸多因素的制约。现代认知心理学把问题解决的全过程分为三个状态:初始状态、目标状态、中间状态,其中,初始状态是指思维者接触到要解决的问题时所获得的认识状态,目标状态是指思维者最终要达到的目标,而中间状态则是指将初始状态转变为目标状态所必须经过的各种不同的状态,也就是问题空间。问题解决就是从初始状态经过问题空间进行一系列搜索,最终达到目标状态的过程。该过程的关键是通过思维活动获得中间状态,而思维活动又经常受到迁移作用、不相干多余信息干扰、动机和情绪以及思维定势的作用等因素的影响(郭淑琴,1999:227—228)。迁移作用是指已经学过的东西在新的情况下的应用,或者说是已有知识经验对解决新问题的影响。思维过程中的迁移主要是原理和经验的迁移以及解决问题的能力或心智、技能的迁移。一般来说,概括化水平越高的知识,其迁移的范围和可能性就越大。比如,在学习以文字表述的会计准则时,会计人员的头脑中会形成诸如存货、原材料、包装物、低值易耗品和固定资产等概念,并且将他们分别对应于自己所熟悉的具体物体的形象。但是在实际工作中,遇到的物品种类繁多且各有特点,并不都是会计人员所熟悉的,会计人员为了正确地分类并做出会计记录,就需要对已有知识进行迁移。因此,迁移过程是否准确有效直接关系到会计信息的质量。排除不相干多余信息的干扰对于会计人员做出准确的职业判断同样有着十分重大的意义,特别是在当今经济活动日趋复杂、会计确认标准多样化的情况下,提取有用信息的效率直接关系到会计信息的质量。在日常的会计工作中,会计人员遇到其他信息干扰的情况不胜枚举。比如在税务会计处理中,按照我国增值税法的规定,对于企业财务制度健全的小规模纳税人(年应税销售额在180万以下),只要其年应纳税销售额在30万以上,可以认定为一般纳税人;同时,又指出从事货物零售的小规模企业不能被认定为一般纳税人。也就是说,无论后一类企业的销售额与30万或者180万的关系如何,对于确定增值税的税率和计算方法都是多余的信息。另外,在外币报表折算方面,可供选择的方法有现行汇率法、流动与非流动法、货币与非货币法和时态法等,而每种方法下某一会计科目折算时使用的汇率(现行汇率、历史汇率或平均汇率,平均汇率又有年度平均、季度平均、月份平均、持有期间平均等多种)都是固定的,而会计人员进行具体会计业务处理时,则需要从众多相关的汇率中排除干扰,将目标汇率分解出来。如果会计人员不能有效排除多余信息的干扰,错误地选择了会计确认标准或计量基础,他所做出的职业判断就是无效甚至有害的,所生产的会计信息也是失真的。情绪和动机也与人们的思维活动有关。积极乐观的情绪有助于解决问题,动机强度适中解决问题的效率最高。前文中曾论述到的职业角色对于会计人员工作效果的影响就是一例。消极悲观的工作情绪往往导致专注程度的下降和疏忽大意的增加,从而造成会计信息失真。思维定势是主体对一定活动的一种预先的心理准备状态,它决定着后继同类心理活动的趋势(郭淑琴,1999:226—230)。在会计活动中,一些不正确的先入为主的观念诱使会计规则执行者做出错误的判断。例如,对于一个保守的风险回避者,他对稳健原则的理解可能就是尽量低估收入、高估费用。因而,在确认附有销售退回条件的商品销售收入时,即使是在能够合理预计收入实现比例的情况下,他也不愿在当期确认。这类会计处理受到会计规则执行者个人事先心理偏好的影响,虽然没有直接违背会计规则,但是背离了经济现象的本质,并不是备选会计政策中的最优方案,这也是一种会计信息的行为性失真。由于会计规则执行者在具体执行会计规则的过程中,面对的更多是界定不良问题(ill-defined problems)[①],以致他们对于应当选择何种会计政策以及如何选择并没有十分明确的认识,因而其思维活动受到以上四个因素的影响就更加突出。

根据上文分析,我们认为,治理由于非智力性因素所造成的非过失性失真,可以考虑以下几方面的措施:

1. 通过增加专家知识来消除启发式的负面影响,提高问题解决的效率。心理学的研究表明,对于多数问题的解决,专家的表现会优于新手。专业知识虽然不能解决所有出现的新问题,但是它有助于加快思考的速度和提高思维的准确性。根据安德森(Anderson)1983年和1993年的研究结论,技能或专家知识的获取主要是知识汇编的过程。知识汇编的过程经历了从依靠陈述性知识向依靠程序性知识的转换。知识汇编包括两个关键的过程:一是程序化,即将陈述性知识变为程序性知识的过程;二是构成,即剔除任何对达到理想行为模式无用的产生式规则。[②] 而目前能够找到

---

① 界定不良问题是相对于"界定良好问题"(well-defined problems)而言的,后者在初始状态、目标状态和中间状态上都是清楚而确定的,详见艾森克(2000:369)。

② 产生式规则类似于一些基本的判断,例如,如果有人问候你,那么你也答以问候,详见艾森克(2000:380)。

的实现这两个过程的途径就是反复练习,特别是有对比的练习,这也是会计教育过程中所要注意的方面。

2. 通过提高培训与实际任务的相似性,增强在工作中运用新知识的行为动机,以及在组织(主要指企业)中鼓励使用新知识来解决知识迁移的问题。桑代克的"相同要素说"(identical elements)认为,受到训练的行为和工作中要求的行为之间必须有共同因素。如果培训者只接受最起码的基本技能,人们就不能为未来的任务做好准备,因为任务是不断变化的,并且要比最初设想的复杂得多。另外,人们还必须拥有工作任务所处的整个背景的知识(艾森克,2000:981)。因此,会计教育者应该重视教学和培训的实际意义,更多地考虑使用案例的方法;而企业则应当积极鼓励会计人员运用新知识和新技能解决新问题,并对优秀的表现给予适当的回报;会计人员应该了解自己的工作在整个企业的会计系统和全部会计流程中所处的位置以及应该发挥的作用,明确自己提供的会计信息对出具最后的财务报告的意义。

3. 通过多种手段有效地选拔与组织最适配的人选。在发展比较完善的企业中,对于选拔新雇员都有一套细致、完整的评价机制。结构化面试、评价中心、认知测验和人格测验等是他们经常采用的测评手段(艾森克,2000:985)。鉴于诸多非智力因素影响着会计从业者的行为,有必要对目前企业中宽泛的选材标准加以修正,一些富于人格特征的评价标准应该成为选用人才的重要依据。可以预见,那些谨慎、细心、耐心的人士无疑更加适合从事会计工作。

六、群体性的会计信息行为性失真及其治理措施

群体性的会计信息行为性失真是各种非人格性因素所引起的会计信息真实性的扭曲。这类失真现象背后的原因是不以人类个性特征为标志的,也不受某一部分作为行为个体而存在的会计规则执行者所左右。这些因素的影响力不是指向某一个体,而是针对整个会计规则执行者的群体,它在整个会计从业人员中具有普遍性。决定会计信息群体性失真的非人格性因素,包括所有会计规则执行者都要服从的会计规则、制约所有人行

为的会计技术发展水平、以会计规则执行者所属集团的组织文化[①]为特征的局部文化，以及所有行为人都归属的整个社会文化等方面。

从会计规则的角度来看，会计规则在传达制定者的意图时进行信息编码和解码过程中的有效性，将直接影响会计规则的执行效果。如果会计规则的可操作性比较低，语义含糊，执行起来肯定会增加许多不确定性，会计信息的失真程度就会越高。正如本章前面所分析的，会计规则执行者的会计活动以及所生产的会计信息的质量，一方面取决于行为人自身学习、理解、掌握、运用会计规则的水平，另一方面，与会计规则本身的可接受程度与可操作性有关。这里强调的不是会计规则内容是否完备、阐述是否合理、所传递的信息是否与会计域秩序一致，而是强调其在传达会计规则制定者的意图时进行信息编码和解码过程中的有效性。换言之，它是会计规则在表达和传递信息过程中的技术层面的问题。如何通过一种成本最低的方式使会计规则的执行者和使用者最有效地理解和运用规则是解决这一问题的关键。

为说明不同会计规则的不同信息传递有效性，下文拟从文字表述对信息传递有效性影响的角度，将我国《企业会计准则》和《企业会计制度》与《国际会计准则》中的无形资产会计[②]加以比较，从而找到我国现行会计规则缺乏可操作性的表现和改进的思路：(1) 适用范围。《企业会计准则——无形资产》仅有一句话说明其适用范围："本准则不涉及企业合并中产生的商誉"，但是，《国际会计准则——无形资产》不仅列出了不适用本准则的特殊无形资产，而且对适用的无形资产也给出了比较详尽的解释，如对磁盘和胶片是否应该列入无形资产都作了具体阐述。另外，《国际会计准则——无形资产》对可能与已经颁布的会计准则产生重合和冲突的部分也做了明确规定，指出适用于该会计准则的具体情形，如对融资租赁取得无形资产的处理的说明。显然，《国际会计准则——无形资产》非常重视各个会计准则之间的协调，每颁布一部新的会计准则，都会对已有的会计准则中相关联的内容进行解释，避免会计规则执行者处于矛盾的或是不知所措的境地。(2) 概念定义。《企业会计准则——无形资产》和《国际会计准则——无形资产》都对所涉及到的概念进行了定义。从数量上来看，《企业会

[①] 具体指企业文化。其影响范围只局限于一个企业内部，但由于其已经超越了个体特质的范围，所以也放到这部分来加以考虑。

[②] 对于《国际会计准则》的引用，请参考 IASC(2000)，下同。

计准则——无形资产》所涉及到的概念明显少于《国际会计准则——无形资产》。《国际会计准则——无形资产》不仅定义了无形资产的概念,并且对其他有关的14个概念(无形资产、资产、货币性资产、研究、开发、摊销、应折旧金额、有用寿命、成本、残值、公允价值、活跃市场、减值损失、账面金额)进行了解释说明。我国的《企业会计准则——无形资产》对概念的重视程度远不及《国际会计准则——无形资产》,它仅提供了无形资产的定义。《企业会计制度》与《国际会计准则——无形资产》之间依然存在概念定义差异的问题。《企业会计制度》仅仅将无形资产定义为"企业为生产商品或提供劳务、出租给他人、或为管理目的而持有的、没有实物形态的非货币性长期资产",没有给出其他额外的说明;而《国际会计准则——无形资产》不仅将无形资产定义为"为用于商品或劳务的生产或供应、出租给其他单位、或管理目的而持有的、没有实务形态的可辨认非货币性资产",同时解释了定义中"资产"、"货币性资产"、"可辨认"、"控制"和"未来经济利益"5个较多依赖职业判断的概念并辅之以必要的实例。对无形资产概念中的每一个核心词都做出详细的解释说明,这将大大提高会计规则使用者对无形资产确认标准的把握。(3)确认和初始计量。《国际会计准则——无形资产》将无形资产区分为单独取得、作为企业合并的一部分取得、以政府补助的形式取得、资产交换、自创商誉和内部产生等6类,分别对其给出具体的确认与计量标准。而我国的《企业会计准则——无形资产》仅给出了确认的一般原则,而缺乏实际的指导意义。

  从会计技术发展水平的角度来看,会计处理程序设计是否合理、会计统计和报告手段是否有效等,都关系到会计信息的质量。会计规则执行者的行为体现在其从事的会计活动中,而日常的会计活动与这一行业中特有的工具和惯例性的程序方法又有着密不可分的关系。这些工具包括日记账、分类账、总账等会计账簿以及各类会计凭证,程序方法主要指会计基础工作中的会计处理的程序。会计账簿和财务报表的发展历史可以说明,会计技术的发展和完善使得会计信息以更加准确和有效的方式得到反映。工业革命之前,财务报表主要是为了从算术上验证总账余额的正确性而加以编制的。其后,人们逐渐认识到会计账簿可使财务报表编制变得容易。随着财务报表由簿记的简单汇总发展成为人们相互沟通的手段,分类账和总账开始从文字叙述式向易于把握余额的统计表发展。到十九世纪中叶,文字叙述式已完全让位于通过专业术语来表达、通过空格和划分数字的记录栏来区别借方和贷方的方法。这样,账户就成为反映与标题有关的特定事实的表格。到目前为止,总账的目的仍是用统计的方法反映账户余额,使财务报表的编制变得更为容易(查特菲尔德,1989:98—101)。随着电算化会计的普及,会计软件设计中遇到的程序问题同时也制约了会计技术的发展。如何使会计软件能够更好地实现更多的功能,不仅是摆在会计从业人员面前的问题,而且更大程度上依赖程序开发人员的努力和创造性。

从组织特征的角度来看,它是会计规则执行者不可脱离的重要外部环境。企业文化和组织结构是组织特征的重要组成部分和表现方式,Lotfi(2003:28—32)认为企业文化中至少存在以下4个方面的因素影响着会计人员的职业判断,即关联方交易的存在、创立者对企业的持久影响、董事会或高层管理者中缺少具有CPA资格的人士和历史上的违规记录。这些因素使得企业在选择会计政策时偏向于采用非会计准则允许的备选处理方法并使其表面上合乎会计准则的要求,而且往往并不是出于利益驱动下的主观故意。包括Kesner et al.(1986)在内的研究者们还发现,那些被发现有违规行为的公司都有违规的历史并且其企业文化更多地容忍和宽恕错误的行为。可见,如果一个企业对不符合规定的例外行为过于包容和放纵,将会提高会计信息行为性失真出现的机会,并且可能由于这种习得效应所产生的连锁反应,使会计信息行为性失真的规模不断扩大。在组织结构方面,Pugh et al.在1968年的研究中指出,组织结构应当具备以下4个维度:专门性(劳动分工的程度)、正规性(工作的程序化、是否有章可循)、集中性(领导层对决策权的拥有程度)和结构性(组织如何按照结构图进行构建、不同职位之间的关系是否清晰)。① 在一个高度分工的企业里,每个岗位的职责非常明确,工作流程是按部就班和井然有序的,那么,会计规则执行者特别是那些基层工作的会计人员,必然会提高对自我行为的约束,并且在遵循组织内部规则的同时使自己的会计行为更加程序化,从而能够有效地避免会计信息行为性失真的出现。

社会文化是会计规则执行者的行为动因中最为稳定的因素,因而,它对会计信息行为性失真具有更为重要和明显的影响。社会文化有多个层面的表现,其中文化价值观和语言传递的情境依赖是其重要的两个特征体现。Belkaoui(1995:61)在对文化价值观影响会计概念认知问题进行实证研究时发现,特殊文化中知识系统和认知方面的不同能够导致对会计概念认知的差异,而且这些差异不受年龄、从业时间、对试验中业务的熟悉程度

---

① 转引自艾森克(2000:990)。

的影响。实际上,这些差异可以从价值观体系差异的角度得以解释,例如,对稳健主义的认知与在价值观体系中避免不确定性方面的表现是一致的;研究结果同时表明,会计概念的认知差异与那些对会计价值观产生微妙影响的社会价值观上的差异是可以一致的,而后者对会计价值观有着明显的影响。Jaggi(1982)考察了文化环境和个体价值倾向对财务信息披露的影响,他认为文化影响着管理者的价值倾向,导致了不同的会计信息披露决策。Gray(1988)检验了文化对会计价值观和会计系统的影响,他使用霍夫斯泰德对文化维度的分类[1],提供了一个将会计人员的价值观体系与社会价值观中专门关于工作价值观的部分以及会计价值观对会计信息系统的影响联系起来的模型。这一模型说明:强调职业判断和行业自我管制的职业主义与个人主义具有正相关性,与回避不确定性和权距具有负相关性;强调会计政策的可比性与一致性与避免不确定性正相关,与个人主义负相关;稳健主义与避免不确定性正相关,与个人主义和社会男性化负相关;保守企业秘密与避免不确定性及权距正相关,与个人主义和社会男性化负相关。Perera(1989)利用 Gray 的理论对不同文化环境下的会计系统进行了更为细致的分析并得出结论:得到国际会计准则委员会赞同的英美会计模式可能在欧洲大陆以及其他受非英美文化作用的国家并不是十分适当的。

---

[1] 当前在国内外学者中,霍夫斯泰德的价值观分类体系被广泛使用。其包括权利差距(简称权距)、集体主义—个人主义、避免不确定性、男性化—女性化四个维度。权利差距衡量的是人们接受权利不平等状况的程度。霍夫斯泰德认为,这一尺度所关心的基本问题是人与人之间的平等问题。在各种群体中,人与人之间的不平等是不可避免的,这种不平等通常以等级制的形式出现。权利距离在各种社会层次中都存在。家庭、官场,甚至朋友间都存在。每个社会在处理权利不平等问题上的方式方法不同,形成了价值观上的差异。在权利差距较大的社会,人们接受较强的等级制,安心于自己的位置。权利差距小的社会,人们接受较弱的等级制。按照霍夫斯泰德的观点,将来情形的不确定性是人类生活的一个基本事实。由此,人们试图通过科学技术、法律、宗教等方法来解决它,或在组织内采取规章制度、礼仪等办法来解决。霍夫斯泰德所说的回避不确定性是指一种文化在多大程度上可以容忍或要避免不确定性。一些文化在心理上难以忍受模模糊糊的事,比较"较真",他们制定一系列的行为规范来减少不确定性,而有的文化很有能力对付模棱两可的事,对此没有心理的压力。个人主义—集体主义这一标准是衡量个人与集体的联系是松散还是紧密的一个尺度。个人主义文化强调的是自我与个人的成就,与集体、社会的关系松散,相互依赖程度弱;而集体主义文化强调社区或群体的和谐,与集体、社会联系紧密,相互依赖程度强。该尺度描述的是在一个特定的社会里个人与集体的关系,反映的是人们生活在一起的方式。霍夫斯泰德认为,性别的二元性是人类社会的基本事实,而不同文化对此采取不同的态度。问题的实质是,性别上的生理差异是否应该运用于社会活动的角色之中。在一个特定的社会中,通常性别角色的分配是在家庭、学校和同辈人团体的社会化过程中得以变换的。所谓男性文化表现出的是力量、自我表现、竞争和雄心壮志,女性文化是指那种注重感情、富于同情心的文化。这种价值比个人主义—集体主义、权利差距、回避不确定性等三个价值观念变化都快。几乎在每种文化中,性别上的不平等都正在受到挑战。

Gray 和 Vint(1994)在实证检验中发现,每种文化维度和该国企业平均的会计披露水平具有显著的相关性,个人主义与会计披露充分性正相关而回避不确定性与其负相关。Zarzeski(1996:18—37)结论表明:较之于来自强回避不确定性国家的企业,来自弱回避不确定性国家的企业会披露更多的投资者导向的会计信息;与个人主义文化中的企业相比,处于集体主义文化中的企业较少地披露公开信息;男性文化中的企业披露更多的投资者导向的会计信息;低权距文化中的企业披露的信息更充分,而高权距的国家在发展商业活动和制定有关制度时不鼓励广泛分享信息。

语言传递的情境依赖是文化的又一个重要方面。Hall(1976)认为语言的实际运用可以分为高情境和低情境两类。[①] 在低情景文化中,言语意义明显而且能够表达大部分意欲传达的信息。相反地,在高情境文化中,许多言语意义是不清楚的而且经常是间接的,仅能传递部分信息。未被表达的信息只能靠听者对说话人过去的了解、谈话的特别框架,以及其他可加以利用的情境线索来推断。Gudykunst 等[②] 指出,Hall 的分类和霍夫斯泰德按照个人主义与集体主义对国家文化进行的分类有对应关系。他们认为,在个人主义占主导地位的国家,人们的谈话以直接、简洁、私人化和机械化为特征。这与集体主义社会中以间接、详细、情境化和强调情感交流为特征形成对比。在集体主义社会里,言语更加漫无目的并且含有更多的类似"大概"、"可能"、"也许"、"有些"和"相当地"的限定语。在强调对数据进行准确收集和加工、对会计处理方法做出惟一选择的会计信息生产过程中,这些含混的语言现象会增加信息失真的可能性。

基于上文分析,我们认为,治理群体性会计信息失真可以从会计规则和会计规则执行者两个角度展开。前者包括会计规则制定机构人员组成的改革、会计规则内部结构的调整,以及增强会计规则信息传递的有效性等 3 个方面的内容,后者则主要是通过成立会计人员联盟的方式加强对其行为的约束和规范。

1. 会计规则制定机构人员组成的改革。在会计规则的制定过程中,如果能够引入更多具有实务经验的人士参与决策,将会提高会计规则的可操作性。国际会计准则委员会(IASC,2000)正着手对其准则制定部门进行改组,其方案明显体现出以提高会计准则的实务指导意义和可操作性为

---

① 转引自 Hou(2003:45)。
② 同上。

改组方向。理事会是 IASC 中全权负责制定会计准则的部门,按照 IASC 的重组计划,新的理事会将由 14 人组成,理事会的成员的首要要求是技术专家,至少 5 名理事会成员具有职业审计师的背景,至少 3 名具有编制财务报表的经验,至少 3 名具有财务报表使用者的经验,至少 1 名具有学术背景。该理事会由 13 个国家(和国家联合)的会计职业团体的代表,以及不超过 4 个在财务报告方面利益相关的其他组织的代表组成。13 个国家的会计职业团体代表是由国际会计师联合会理事会任命的。每个理事会成员可以至多指定两名代表和一名技术顾问参加理事会会议。国际会计准则委员会鼓励每个理事会成员在代表中包括至少一名在实业界工作的人士和一名直接参与会计准则制定机构工作的人士。显然,无论是理事会成员本身还是列席理事会会议的与会者,其中很多是有着丰富的实际工作经验的人士,他们对于会计准则在具体的实践中可能出现的问题有良好的预见能力和充足的处理经验。反观我国的会计规则制定机构的成员,更多的是来自理论界的专家学者和缺乏实际工作经验的政府职员,而在会计规则制定过程中,我国实务界人士参与的程度又比较低,这种状况便直接影响到所制定出来的会计准则的可操作性水平。建议在会计规则制定的机构中适当增加有实务工作经验背景的人员比例,发挥他们的优势,与理论界形成互补。特别是准则的后续实施中,应该保持与业界的广泛而又密切的联系,维持可操作性的稳定水平。

2. 会计规则内部结构的调整。会计规则中的基本概念和基本原则是会计规则执行者做出职业判断的重要依据,我国目前的会计规则对基本概念和基本原则强调不够,直接影响到会计规则执行者对会计规则的理解和把握,从而影响了会计规则执行者的行为。强化基本概念和基本原则是调整会计规则内部结构的一方面内容。其次,强化会计规则指南的有效性。我国会计规则指南只是对会计规则的简单解释,缺乏实际背景,对实际会计工作没有起到应有的指导作用。再次,应当加强会计规则间的协调。由于不同会计规则的制定主体和制定时间上的差异,它们之间存在着相互冲突之处,如《企业会计准则》和《企业会计制度》对"资产"的定义就不一致,相对于前者,后者还强调资产具有可以带来未来经济利益流入企业的性质。最后,我国的会计规则应该更加符合中国文化的要求。中国人一方面对社会规则高度崇拜,另一方面则又表现出打破现有游戏规则而另立门户的强烈倾向。这可以从不同国家的会计违规行为的特征中得到体现:中国企业的会计违规往往是公然违背成文的会计准则、会计制度;而西方国家企业的会计违规则多为对现有会计规则选择空间的利用,相对更加隐蔽。因此,我国会计规则对扩大职业判断范围的发展方向应持谨慎态度,同时,尽可能地提供一些量化标准帮助会计人员选择会计政策。

3. 增强会计规则信息传递的有效性。增强专业术语和非专业术语解释的明晰性、明确指代等,是提高会计规则信息传递有效性的重要途径。我国会计规则一般仅对比较重要的会计术语做了定义,而其他相对来说重要性差一些的专业术语并没有解释,这不利于会计规则执行者对会计规则的理解。对非专业术语的解释,可能不是会计规则应有的职责,但经常出现在会计领域的有特定含义的非专业术语,如果不同人对其有不同的理解,会计规则则必须对其做出解释,如我国会计规则中经常出现的"活跃市场"。另外,我国会计规则中经常出现"比照……的相关规定处理"的短语,但这个"相关规定"到底指的是哪些规定就不得而知了。明确指代可以使我国的会计规则表述清晰,从而有利于会计规则执行者对会计规则的理解。

4. 会计人员联盟的成立。传统的公共选择理论认为,社会中的每个人总是归属于某一个或某几个利益集团,这些利益集团的目的是各不相同的,而这些互相竞争的集团所施加的压力汇总起来就决定了社会政治活动的进行(方福前,2000:99—105)。奥尔森(1995)在对利益集团理论进行解释时提出,除非一个集团中人数很少,或者除非存在强制或其他某些特殊手段以使个人按照他们的共同利益行事,有理性的、寻求自身利益的个人不会采取行动来实现他们共同的或集团的利益。换句话说,即使一个大集团中的所有个人都是有理性的和寻求自身利益的,而且作为一个集团,他们采取行动实现他们共同的利益或目标后都能获益,他们仍然不会自愿的采取行动来实现共同的或集团的利益。集团越大,就越不可能增进它的共同利益。因此,大集团的行动一般都不是依靠他所提供的集体利益来取得其成员的支持,而是通过采用"选择性的刺激手段"来驱使单个成员采取有利于集团的行动。Salisbury(1969)把集团提供给成员的利益区分为物质利益、观念利益、团结一致的利益等3类,并进一步指出这些利益都是与参与集体行动联系在一起的,因此,大集团可以通过利益诱导有效地行动,并不一定需要采取刺激性的手段或强制措施。成立类似于行业组织或工会形式的会计人员联盟的目的,就是希望会计从业人员由一个松散的潜在利益集团过渡到一个处于相对集中状态的大集团,这将有利于整个行业的自我约束和自我保护。而在这个联盟中,可以通过利益诱导的方式,如一种享有很高社会声誉的资格授权、为会员谋求更好的工作环境等,来鼓励会计人员的加入。会计人员联盟一方面提供了一个分享经验的场所,有助于改善会计从业人员的职业判断水准,另一方面则形成对会计行为的自我约束的氛围,可以提高会计人员的责任心。

七、我国会计信息行为性失真的治理方案

根据上文研究的结论,我们可以总结出我国会计信息行为性失真的治理方案。我们所提出的我国会计信息行为性失真的治理方案,包括对个体性的过失性失真、个体性的非过失性的失真以及群体性的行为性失真的治理等三部分内容,具体如下:

(一) 个体性的过失性失真的治理

治理疏忽大意所造成的会计信息失真,应该更多地考虑如何通过鼓励的方式,来提高会计规则执行者的工作投入程度和工作责任感。而对于过于自信所造成的会计信息行为性失真,治理措施则主要在于加大监督力度和惩罚支出。另外,广泛运用计算机技术并赋予会计软件检查核实的功能,也是治理疏忽大意和过于自信所造成的会计信息行为性失真的重要措施。

(二) 个体性的非过失性失真的治理

对于智力因素所导致的非过失性失真的治理,应着重提高会计规则执行者职业判断的准确性,加快会计规则执行者学习新知识的速度,使他们的知识结构更加全面化等。而具体到措施的实施,一方面要靠执行者自己发挥主观能动性,另外一方面则需要有外部力量的协助,包括会计教育体系应该由盲目无序的状态向"需求导向型"的转变。为适应人才需求的多层次性,会计教育应该实行分层次教学,把握好全部会计从业人员的学历层次分布与社会需要之间的动态平衡。对于非智力性因素所造成的非过失失真的治理,应通过增加专家知识来消除启发式的负面影响,提高问题解决的效率;通过提高培训与实际任务的相似性,增强在工作中运用新知识的行为动机,以及在组织(主要指企业)中鼓励使用新知识来解决知识迁移的问题;通过多种手段有效地选拔与组织最适配的人选。

(三) 群体性的行为性失真的治理

治理群体性会计信息失真可以从会计规则和会计规则执行者两个角度展开。前者包括会计规则制定机构人员组成的改革、会计规则内部结构的调整以及增强会计规则信息传递的有效性等3个方面的内容,后者则主要是通过成立会计人员联盟的方式加强对其行为的约束和规范。而在会计规则制定过程中,我国实务界人士参与的程度比较低,建议在会计规则制定人员构成中适当增加有实务工作经验背景的人员比例;我国会计规则应强化基本概念和基本原则,应强化会计规则指南的有效性,应加强会计规则间的协调,并使我国的会计规则更加符合中国文化的要求。我国会计规则还应增强专业术语和非专业术语解释的明晰性、明确指代等,以增强会计规则信息传递的有效性。成立类似于行业组织或工会形式的会计人员联盟的目的,是希望会计从业人员由一个松散的利益集团过渡到一个处于相对集中状态的大集团,这将有利于整个行业的自我约束和自我保护,并可以通过利益诱导的方式,如一种享有很高社会声誉的资格授权、为会员谋求更好的工作环境等,来鼓励会计人员的加入。会计人员联盟应该成为一个分享经验的场所,从而有助于改善会计从业人员的职业判断水准,同时它应形成对会计行为的自我约束的氛围,从而提高会计人员的责任心。

八、小结

会计信息行为性失真是由会计规则执行者非主观故意行为所导致,其根本原因在于人类有限性。会计规则执行者不可能具有"无限非凡"的认知和能力,由此导致会计规则执行者对会计规则理解的不完美性,对客观经济活动实质把握的不完美性,以及他们具体执行行为的不完美性,而这些不完美的结果必定是产生会计信息行为性失真。在对会计信息行为性失真原因进行分析时,可以将其区分为与个体心理或人格相关的因素和与个体所处环境相关的因素两大类。前者导致了会计信息的个体性失真,即这类行为性失真只在某一个或几个会计规则执行者中出现,具有一定范围内的特殊性;后者导致了会计信息的群体性失真,即这类行为性失真在一群会计规则执行者甚至是整个会计行业的从业人员中出现,它具有普遍性。在个体性失真中,按照会计规则执行者所应当承担职业责任的不同,可以将其区分为过失性失真和非过失性失真,前者强调行为人的主观态度和应负有的职业责任,而后者则侧重于那些非个体主观努力就能够解决的对于个体而言不可逾越的行为约束。对于非过失性失真,根据其成因还可以进一步区分为智力性失真和非智力性失真。

  治理疏忽大意所造成的会计信息失真,应该更多地考虑如何通过鼓励的方式,来提高会计规则执行者的工作投入程度和工作责任感。而对于过于自信所造成的会计信息行为性失真,治理措施则主要在于加大监督力度和惩罚支出。另外,广泛运用计算机技术并赋予会计软件检查核实的功能,也是治理疏忽大意和过于自信所造成的会计信息行为性失真的重要措施。对于智力因素所导致的非过失性失真的治理,应着重提高会计规则执行者职业判断的准确性,加快会计规则执行者学习新知识的速度,使他们的知识结构更加全面化等。为适应人才需求的多层次性,会计教育应该实行分层次教学,把握好全部会计从业人员的学历层次分布与社会需要之间的动态平衡。对于非智力性因素所造成的非过失失真的治理,应通过增加专家知识来消除启发式的负面影响,提高问题解决的效率;通过提高培训与实际任务的相似性,增强在工作中运用新知识的行为动机,以及在组织(主要指企业)中鼓励使用新知识来解决知识迁移的问题;通过多种手段有效地选拔与组织最适配的人选。治理群体性会计信息失真,建议在会计规则制定人员构成中适当增加有实务工作经验背景的人员比例,我国会计规则应强化基本概念和基本原则,应强化会计规则指南的有效性,应加强会计规则间的协调,并使我国的会计规则更加符合中国文化的要求。我国会计规则还应增强专业术语和非专业术语解释的明晰性、明确指代等,以增强会计规则信息传递的有效性。成立类似于行业组织或工会形式的会计人员联盟,作为一个分享经验的场所,从而有助于改善会计从业人员的职业判断水准,同时它应形成对会计行为的自我约束的氛围,从而提高会计人员的责任心。

参考文献

艾森克,2000,《心理学——一条整合的途径》,阎巩固译,华东师范大学出版社。
奥尔森,1995,《集体行动的逻辑》,陈郁等译,三联书店、上海人民出版社。
巴雷特,1995,《非理性的人——存在主义哲学研究》,杨照明、艾平译,商务印书馆。
查特菲尔德,1989,《会计思想史》,文硕等译,中国商业出版社。

方福前,2000,《公共选择理论——政治的经济学》,中国人民大学出版社。
郭淑琴,1999,《普通心理学》,中国科学技术出版社。
哈耶克,2001,《哈耶克论文集》,邓正来选编译,首都经济贸易大学出版社。
IASC,2000,《国际会计准则》,国际会计准则委员会制定,中国财政部会计准则委员会秘书处译,中国财政经济出版社。
上海物贸信息工程公司,1999,"吹毛求疵",《中国证券报》3月11日、3月13日和3月17日。
斯皮尔曼,1999,《人的能力:它们的性质与度量》,袁军译,浙江教育出版社。
王世定,李闯,吴群,卢侠巍,1997,"行为会计研究——对会计工作秩序和邯钢经验的行为分析",《会计研究》,4:1—6。
文硕,1996,《世界审计史》,企业管理出版社。
吴联生,2002,"会计域秩序与会计信息规则性失真",《经济研究》,4:68—75。
徐爱国,1999,《英美侵权行为法》,法律出版社。
周晓虹,1997,《现代社会心理学——多维视野中的社会行为研究》,上海人民出版社。

Belkaoui, A. R., 1995: *The Culture Shaping of Accounting*, Greenwood Publishing Group, Inc. London.

Gray, S.J., 1988: "Towards a Theory of Cultural Influence on the Development of Accounting Systems Internationally," *Abacus*, 24(1): 1—15.

Gray, S.J., H. M. Vint 1994: "The Impact of Culture on Accounting Disclosures: Some International Evidence", *Working paper*, University of Warwick, England.

Hayek, F.H., 1937: "Economics and Knowledge", *Economica*, 4(13): 33—54.

Hou, Y., 2002: *Cultural Psychology: Outline and Readings*, Department of Psychology, Peking University.

Jaggi, B.L., 1982: "Impact of Cultural Environment on Financial Disclosure," *International Journal of Accounting Education and Research*, Spring, 75—84.

Kesner, I. F., B. Victor, B. T. Lamont, 1986: "Board Composition and the Commission of Illegal Acts: An Investigation of Fortune 500 Companies", *Academy of Management Journal*, 29(4): 789—799.

Lotfi, G., 2003: "Organizational Culture and Fraudulent Financial Reporting", *The CPA Journal*, 73 (3): 28—32.

Markus, H. R., S. Kitayama, 1991: "Culture and Self: Implications for Cognition, Emotion, and Motivation", *Psychological Review*, 98(2): 224—253.

Perera, M. 1989: "Towards a Framework to Analyze the Impact of Culture on Accounting", *The International Journal of Accounting*, 24(1): 42—56.

Salisbury, R. H., 1969: "An Exchange Theory of Interest Groups", *Midwest Journal of Political Science*, 13(1): 1—32.

Zarzeski, M. T., 1996: "Spontaneous Harmonization Effects of Culture and Market Forces on Accounting Disclosure Practices", *Accounting Horizons*, 10(1): 18—37.

附录1
社会公众参与和会计规则质量

——访北京大学光华管理学院副教授吴联生博士

采写/张 平

刚刚走过的2002年可以说是中国会计业规范与改革极其繁忙的一年。新的企业会计制度在外资企业全面实施,企业会计准则的内容不断更新,财政部与之相配套的问题解答或指南也频频发布,这一切都显示出入世后中国在会计业方面与世界接轨的进程。这些制度与准则究竟是怎样出台的,效果怎么样?还需要我们广大社会公众做些什么?本刊记者特就与此相关的一系列问题采访了北京大学光华管理学院副教授吴联生博士。

记者:2002年5月财政部会计司发布了财会办〔2002〕16号文,要求各省市财政厅(局)采取多种形式对各类企业执行《企业会计制度》及相关会计准则的情况进行全面调研并公布了调研提纲,财政部会计司还组织了调查组分赴各地基层企业调研。该次调研活动范围之广、内容之全面是前所未有的。您对这一系列举措有何看法?

吴博士:财政部采取这一系列措施,向我们社会公众表明了一种态度,透露出一个重要的信息,那就是:作为政府管理部门,他们希望能有更多的社会公众参与会计规则的制定,能使《企业会计制度》和《企业会计准则》的质量在尽可能大的程度上得到提高。实际上,这是当前提高我国会计规则质量的重要举措,因为从1985年1月21日通过我国第一部《会计法》到现在,我国会计业的法制建设也才走了不过短短十几年的历程,我国《企业会计制度》和《企业会计准则》的形成更多的是对国际经验的借鉴。

记者:就所公布的调研提纲来看,其内容之具体足以表明财政部对该次调研活动之重视。那您认为政府部门希望广大社会公众参与的原因是什么?

吴博士:广大社会公众积极参与,可以从以下两方面来提高会计规则的质量:一方面,有利于会计规则制定机构尽可能准确地掌握会计域秩序;另一方面,这是一个集合会计知识的过程,会计规则制定机构可以掌握更多的会计知识。这两方面都是制定高质量会计规则的重要条件。

记者:您好像谈到一个新词"会计域秩序",能不能给大家解释一下,它与社会公众参与会计规则的制定有何关系?

吴博士:你这个问题提得很好。"会计域秩序"(Accounting Order)这个名词的确没有出现过,是我构造的。我认为,一个真正有效的会计规则,应该是不依赖惩罚机制就能够得到自觉执行的。这是我构造"会计域秩序"这个名词的基本出发点。当然,要理解会计域秩序,我们首先还是应该明确社会公众应该参与会计规则制定的原因。我们都知道,从经济学的角度来说,资源是稀缺的,而社会公众则是有多种需求的,这种资源供给不足与有效需求过剩之间的矛盾,决定人们必定追求利益。为了达到追求利益的目标,社会公众可以对他自己拥有的资源进行决策:可以自己经营管理,也可以与其他资源所有者进行合作投资。一般情况下,合作投资会优于自己经营管理,因为合作投资相对于自己经营管理来说具有降低成本和递增报酬的双重优势。当然,社会公众在发生投资行为过程中所进行的合作,是一个相当复杂的过程。但是,合作若要取得成功,它的基本前提就是需要对社会公众所投入的不同资源和社会公众所享有的收益进行计量。会计域秩序就是社会公众以其所投资的资源为依据而在会计计量与披露方面所进行互动的结果,是他们利益冲突与协调的结果。我构造"会计域秩序"这个名词,是受了哈耶克的影响。哈耶克认为社会中存在着自生自发的秩序,它是由个体的人在无意识的行动过程中所形成的。而社会公众在会计规则方面也有其自身的利益要求,在不同社会公众的不同利益要求的共同作用下,必然就会形成不以个别人意志为转移的自生自发的秩序,即为会计域秩序。它的存在以社会公众的参与为前提,它是社会公众参与的结果。其结果是"有序"还是"无序",取决于社会公众参与的质量。而它的最终效应是通过在社会中的体现形式——会计规则来表现的。明确了会计域秩序的存在及其意义,我们也就明确了社会公众参与会计规则制定的意义。

记者:您刚才提到社会公众参与会计规则制定是一个集合会计知识的过程,它与会计规则的质量有什么关系?

吴博士:会计规则是以会计域秩序为基础进行制定的。也就是说,制定会计规则的过程实际上就是将会计域秩序进行表达的过程,它不仅需要很强的概括能力,还需要广博的会计知识。但是,知识具有时间的相对性和主体的相对性。也就是说,知识永远是特定于某一具体时间的,是演化选择的结果。特定某一具体时间下的知识,不仅有赖于先辈们的知识积累,也有赖于当时人类的实践;同时,知识内含于所有活在地球上的各种人的大脑中,不同人所拥有的大多数知识是特定于其工作地点的。虽然我国财政部会计司中制定会计规则的人员都是高学历、实践经验丰富的专家学者,但由于成本的制约,在实践中,无人愿意获取所需要的全部知识,而是在他认为已付出足够的开支时所获得的信息范围内进行决策。从这个角度来看,他们不可能也没有必要掌握所有的会计知识。而获得知识的更为便宜的途径是利用他人的知识。让社会公众参与会计规则的制定过程,实际上就是一个充分运用会计理论界和会计实务界的尽可能多的人的知识的过程。只有准确把握会计域秩序，又充分运用会计知识对会计域秩序进行正确的表达，这样制定出来的会计规则才有可能成为真正属于社会公众的会计规则，才有可能成为高质量的会计规则。

记者：按理说，会计规则与社会公众的切身利益相关，应该参与的人很多才对，但在我们的印象里，我国社会公众很少参与会计规则制定，您认为原因在哪里？还有，如果参与的人不多会带来什么样的后果？

吴博士：你说的非常正确。我们有证据表明，我国社会公众参与会计规则制定过程的积极性并不高，事实上他们很少参与会计规则的制定。原因是多方面的：首先是社会公众的认知问题。这既包括对会计规则带给他们的经济后果的认知程度不够的问题，也包括相关知识不够的问题。因为新准则新制度所要规范的基本上都是新问题，自然采用的也是他们所没有遇到过的新方法，而这些方法如何操作以及它们可能带来的经济后果，广大社会公众并没有确切的认识；其次，缺乏制度保障也是一个方面。我国现在还没有一个完全公开化制度化的征求意见制度来保证社会公众的广泛参与。虽然在我国会计规则的制定程序当中，都有向社会公众征求意见这个程序，但在实施中还有很多局限性，这相对于会计规则适用的广泛性、社会性、实践性等来说是远远不够的。当然，政府部门已经认识到这个问题，这次全面调研活动的开展就表明我们已经朝这个方向迈进了一大步。我相信，以后的步伐会迈得越来越大。至于后果方面，如果社会参与面不广，其后果将相当严重。一是由于会计规则制定机构不了解不同社会公众不同的利益要求，从而在实际代表社会公众利益方面的做法可能有悖初衷。会计规则制定机构对社会公众的利益冲突把握不足，因而协调不够，其制定的会计规则必然也不可能得到自觉的执行；另外，会产生严重的"会计信息失真"问题。因为一定时期内一定的利益相关者的利益冲突与协调所形成的会计域秩序是一定的，会计规则只有与这个会计域秩序相一致，才能被利益相关者所接受并予以运用。但是，不同时期和不同范围内的利益相关者，不仅其结构不同，而且与利益相关者进行利益冲突与协调紧密相关的制度环境也存在差异，社会公众参与不足，就无法及时把握会计域秩序，其结果必然影响信息的真实性，也就影响了会计规则的质量。这就是我曾在一篇文章中所提出的会计信息"规则性失真"。因此，社会公众参与会计规则的制定过程，是会计规则质量得以提高的重要途径。

记者：我在调研提纲中注意到一个现象，那就是诸如"存在哪些困难或问题"、"有何建议"或"企业采取了何种具体方法"等词出现的频率极高，请问您是如何看待这个问题的？

吴博士：这实际上是社会公众参与会计规则制定而表达他们的意见的具体方式与途径。只有通过回答"存在哪些困难或问题"、"有何建议"或"企业采取了何种具体方法"等具体实务性问题，会计规则制定机构才能够真正了解会计域秩序，才能够真正了解现实中已经存在的会计知识，特别是创新的会计知识，以对会计域秩序进行正确的表达。如调查关于企业计提存货跌价准备时间到企业内部有无具体的操作方法等，它就是了解创新的会计知识的一种渠道。实际上，会计域秩序的动态性和会计知识的相对性，决定会计规则也是一个不断协调、不断完善的过程。而协调与完善就是通过对具体会计实务的改进而得以实现的。

记者：既然社会公众广泛参与意义如此重大，那您认为应通过哪些途径提高社会公众的参与程度呢？

吴博士：首先应该向社会公众公开更多的已有的相关知识，特别是世界各国和国际会计准则委员会的成熟经验，这样，社会公众才更有可能理解会计规则以及相应的利益关系；其次应建立更加公开化制度化的征求意见制度，即使是会计规则正式颁布之后，这种制度仍然是必要的。至于社会公众对会计规则的冷漠问题，其原因主要在于他们不了解或者没有体会到会计规则可能给他们所带来的经济后果。应该说，随着会计规则在社会经济中发挥的作用不断扩大，社会公众对会计规则性质了解的增多，社会公众参与会计规则制定的积极性也将会得到不断的提高。目前能够采取的措施一方面在于严格会计规则的执行，以使社会公众尽早体会到会计规则对他们利益的影响，另一方面，会计规则制定机构应该采取措施，将会计规则所可能带来的经济后果告诉社会公众，让公众了解，参与规则的制定其实也是在维护社会公众自身的利益。

记者：听了您的一席话，我感触颇深，看来社会公众参与对会计规则的质量来说确实是非常重要的，也就不难理解在调研提纲中处处可见的偏重实务的做法了。最后，请您再对广大读者说句话。

吴博士：你的总结非常漂亮。社会公众参与不仅是提高会计规则质量的重要途径，它同时也是社会公众维护自己权益的重要途径。我想对广大读者说的一句话就是：为了维护自己的利益，请积极参与会计规则的制定。

（原载《特区财会》2003年第1期）

附录2
利益协调与审计制度安排

一、问题的提出：审计"受托责任论"评价

审计"受托责任论"是目前最为学术界所接受的关于审计性质的理论。该理论认为,责任人和委托人之间的受托责任关系,是通过各式各样的手段建立起来的,诸如宪法、法律、规章、合同、组织规划、习惯或者非正式的道德意义等等(伊尻雄治,1989)。不管受托责任关系是怎样的,责任人总是要根据责任关系,把他或她的活动及其结果,向委托人交代明白。受托责任一般要求责任人通过记账来交代他或她的活动及其结果,并把总括资料报给委托人(伊尻雄治,1989)。即受托责任是因为责任人与委托人之间的委托受托关系的建立而产生的;委托关系建立之后,责任人应该按照责任关系履行责任,并把履行结果向委托人进行报告,以解除原有的受托责任。审计就是由于这种受托责任的发生而发生的,也是由于这种受托责任的发展而发展的(杨时展,1990)。如果说会计是对受托责任的认定、计量和报告,那么,审计就是对受托责任的重认定、重计量和重报告。从会计、审计在受托责任机制中的具体运作方面来看,管理会计是起始环节,通过计划、预算和控制等手段来确定、分解受托责任目标,并协助委托人完成受托责任目标,提出管理业绩报告;财务会计是在受托人接受委托后,按照公认会计准则的要求,对受托责任的完成情况进行自我认定、自我计量,并定期编制各种受托责任报告,为委托人审核受托责任的完成过程和结果提供信息;审计是对管理当局自我认定、自我计量、自我编制的受托责任报告,按照公认审计准则和审计程序的要求,进行的重认定、重评定、重判定(王光远,1996)。

应该说,"受托责任论"抓住了审计的一个关键性的前提——受托责任。可以设想,如果不存在受托责任,所有的资源,包括财务资源、实物资源、人力资源、公共资源等都由资源的所有者自己来经营与管理,[①] 那么,也就不需要对这些资源的经营和管理情况进行监督了。而在现实的企业中,的确存在着各种各样的受托责任关系。虽然我们把企业理解为利益相

---

① 实际上,这种情形是不可能存在的,至少公共资源无法由每个成员对自己所享有的份额进行经营管理。

关者参与的一系列契约的联结①，人力资源与其所有者具有不可分离性，而其他资源与其所有者则都是可以分离的(Knight，1921)，这种资源的不同特性，决定是人力资源所有者而不是非人力资源所有者对企业进行具体的经营管理，但从另一个角度来看，企业也可以理解为其他利益相关者将其所拥有的资源委托给人力资源所有者进行经营，从而形成的各种受托责任关系。可见，仅从这个角度来看，"受托责任论"是合理可行的，它也因而备受世界审计学界的青睐与推崇。但是，"受托责任论"对审计中某些关键性问题没有作出明确解释，或根本没有作出解释。比如，社会公众是公共资源的所有者，为什么社会公众对公共资源的监督权由政府按照政府制定的审计准则来执行呢？政府审计②准则的制定是否应该与社会公众无关，或者社会公众在政府审计准则的制定中应该发挥怎样的作用？显然，"受托责任论"没有予以回答；再如，委托人与受托人之间存在受托责任，注册会计师作为被聘请的第三方，对受托人的受托责任履行情况进行再认定，那么，这种再认定只要能够获得委托人与受托人的认可即可，与其他任何主体都无关系；既然如此，为什么注册会计师审计作为一个职业，它是由政府进行管理的呢？③同时，政府的这种对注册会计师职业的管理，对于审计关系主体(委托人、受托人与注册会计师)来说，是被动式的管理，还是互动式的管理呢？显然，"受托责任论"对此也没有作出明确的回答。④

我们认为，审计"受托责任论"之所以没有回答上述问题，或者说对上述问题尚无法作出令人信服的回答，其原因在于两个方面：(1)它只关注委托人与受托人之间的受托责任关系，而没有考虑到不同委托人之间的关系，以及委托人与审计执行者之间的关系。如现行审计关注到了股东与经营者的关系对审计的影响，但没有关注到不同股东之间所存在的不同关系对审计的不同影响；现行审计关注到注册会计师与经营者之间的关系对审计结果的影响，但没有关注到注册会计师与股东之间的关系对审计结果的

---

① 具体内容可参考吴联生(2001)。
② 本文所称的"政府审计"在我国也称为"国家审计"，即政府是审计的主体。
③ 目前来看，这种管理包括注册会计师职业资格的认定、审计准则的制定和审计责任的约束等方面的内容。
④ 当然，内部审计准则应该如何形成与实施，"受托责任论"也没有给出明确的回答。不过，本文也不准备回答这一问题。

影响。① (2)即使它关注了委托人与受托人之间的受托责任关系,但也仅仅局限于表面化的受托责任关系,而忽视了受托责任关系形成过程中的利益冲突与协调的过程。已经形成的受托责任关系,仅仅是"受托责任"的一个方面,而"受托责任"更重要的方面在于受托责任关系形成过程中的权力结构安排以及权力的冲突与协调。因此,我们需要一个能更全面更深化地解释审计性质的理论。本文拟立足于审计制度形成与实施过程中的利益相关者的利益冲突与协调,构建审计的"利益协调论"理论框架,并运用该理论框架对政府审计、注册会计师审计与内部审计进行理论性描述,以对审计的性质作出整体的分析。②

二、审计制度安排的利益协调过程

众所周知,资源是稀缺的,而社会公众则是有多种需求的③,这种资源与需求之间的矛盾,决定人们必定追求利益。从满足每一个社会公众基本需求的角度来看,社会公众首先会追求财富绝对量的增长。一定数量的财富是社会公众基本需求得到满足的前提,实际上,只有在社会公众积累了一定的绝对财富量来满足他们的基本需求之后,人们才会开始追求更高层次需求的满足,而这种需求的满足则是通过相对财富比重的增加而得到实现的。对于任何一个人来说,他总是处于一个社会的相对位置上,而人的最重要的特征就在于他的社会相对位置可以通过自身努力而发生变化(唐寿宁,1998a)。从这个意义上看,个人拥有的财富总是只有相对的意义,因为个人福利并不是依赖于个人财富绝对量的增长,而是取决于其在社会总财富中所占有的比重(唐寿宁,1998a,1998b)。当然,社会公众追求财富绝对量的增长,其最终目的也是为了提高或者不降低其在社会总财富中的比

---

① 当然,影响审计结果的利益相关者不仅包括股东、经营者,而且还包括债权人、供应商、消费者、职工以及社会公众等。实际上,关于谁是企业利益相关者问题的研究,早在1963年就开始了;1997年,米切尔等人将经济学家们所提出的近30种"利益相关者"定义归纳出27种(Mitchell, Agle and Wood, 1997)。笔者通过分析,认为利益相关者包括股东、经理人员、债权人、供应商、消费者、工人以及社会公众等(吴联生,2001)。

② 值得注意的是,虽然从研究思路上看,本文与审计"受托责任论"有很大的区别,但它并没有改变审计"受托责任论"的基本前提。从这个角度来看,本文并没有否定审计"受托责任论",恰恰相反,它实质上是对审计"受托责任论"的拓展与深化。

③ 因此,经济学关心人们用稀缺的资源满足其多种需求,以及人们努力发现和试验有用知识以克服稀缺性的方式。

重,可以说,追求财富绝对量的增长是实现财富相对比重增加的重要途径。社会公众之所以将其拥有的资源进行投资,其目的就在于通过追求财富绝对量的增长,以提高或者至少不降低其财富在社会总财富中的比重[①],因为企业作为合作投资的一个项目,它具有降低成本和递增报酬的优势。而合作投资得以存在的前提是形成一个能为社会公众所接受的合作投资规则,实际上,合作投资规则就是社会公众共同选择的结果。站在社会公众个人的角度来看,他们对投资规则的选择都将以有利于自己的利益为标准。这样,整个社会将处于无序状态,其结果是任何人都不可能有能力做好自己的事情,更谈不上投资的合作成功,当然也就无法获得财富绝对量的增长,更谈不上财富相对比重的提高;也就是说,社会公众不仅不能提高他们需求的满足程度,而且连他们基本的需求也无法得到满足。这就如在十字路口,每个人都不顾他人而只顾自己地走,其结果是道路处于极度无序状态,结果谁也无法通过这个十字路口一样。因此,如果社会成员想要满足自己最基本的需求,想要提高满足自己需求的程度,他们必须进行合作,而被迫放弃以完全有利于自己利益为标准的投资规则,从而形成利益冲突与协调之后的合作投资规则。由于不同的社会公众在该合作投资中享有不同的利益分配权和控制权,因此,他们就成为该合作投资的不同的利益相关者。而利益相关者的合作投资的结果,就是社会所形成的一种自生自发的投资秩序。[②]

实际上,利益相关者在发生投资行为过程中所进行的合作,是一个相当复杂的过程。但是,合作若要取得成功,其基本前提就是需要对利益相关者所投入的不同资源和利益相关者所享有的收益进行计量,并将相关会计信息进行披露。因此,计量与披露方法的谈判是利益相关者合作投资所需要进行互动的重要内容,并最终将互动的结果以会计规则的方式予以表达。[③] 应该说,会计规则是企业经营者行为规则的重要组成部分,但并不是全部,而且它对经营者行为的约束作用也是基础性的,而非决定性的。而要达到切实控制经营者行为的目的,如何对经营者执行会计规则的行为进行监督以及惩罚,必然也是利益相关者合作投资所需要进行互动的重要

---

① 参考唐寿宁对投资行为的理论分析,参见唐寿宁(1998b)。
② 有关秩序更为详细的阐释,可参考哈耶克(2000)。
③ 利益相关者的互动结果以会计规则的方式予以表达,但这并不表明会计规则与互动结果是完全一致的,事实上,两者必定是存在差异的,这种差异是造成会计信息规则性失真的根源,详见吴联生(2002)。

内容,这种互动的结果之一便是审计域秩序①,它是审计制度安排的重要依据。② 审计制度安排的内容至少包括审计主体及其责任安排、审计执行标准的制定权与制定程序安排以及审计结果的执行安排等。显然,无论是审计主体安排,还是审计执行标准或审计结果执行的安排,它都会对不同的利益相关者产生不同的影响。比如,如果审计主体完全由企业经营者决定、审计执行标准由企业经营者制定、审计结果的执行也由企业经营者决定,那么,这种审计制度安排的结果只会有利于企业经营者,同时必然会给其他利益相关者③ 带来损失。当然,现实中也不存在这样的审计制度,但它无疑说明了不同的审计制度安排将带来不同的经济后果。而对于作为个体的利益相关者来说,他们为了能够使结果更加有利于自己,并且能够使合作投资继续进行,都会在互动的过程中对审计域秩序产生影响,并进而影响审计制度的安排。④ 至于利益相关者能够对审计域秩序或审计制度安排产生多大的影响,它与合作投资过程中的制度环境、资源供求关系、资源投入量、资源的信号显示机制、资源可抵押性、资产专用性、风险选择和组织化程度等诸多因素相关。⑤ 事实上,这些因素决定了利益相关者在审计制度形成过程中的参与特征,包括决定审计域秩序的权力大小与方向,即它们构成利益相关者的参与指数。⑥也就是说,审计制度安排是以利益相关者的选择为基础的,而利益相关者的选择过程,就是利益相关者以自己的参与指数为依据进行的博弈。审计域秩序就是利益相关者之间所进行博弈的纳什均衡⑦,即它是这样一种状态:在其他利益相关者选择既定策略的情况下,任何人都没有动机去改变他的选择策略,否则,他的利益就会损失。也就是说,在这种状态下,每一位利益相关者的利益都达到了最大化。利益相关者对审计制度安排的影响,就是通过决定审计域秩序而

---

① 笔者曾经将利益相关者在会计方面的共同选择结果称为"会计域秩序"(吴联生,2002),同样,可以将利益相关者在审计方面的共同选择结果称为"审计域秩序"。利益相关者就如何监督经营者执行会计规则的行为所进行的互动结果,不仅包括审计域秩序,也包括公司治理结构等方面的共同选择。

② 当然,审计域秩序与审计制度安排不可能完全一致,其间也会存在类似于会计信息规则性失真的偏差。有关会计信息规则性失真的详细论述,可参考吴联生(2002)。

③ "其他利益相关者"特指除经营者以外的利益相关者,下同。

④ 利益相关者对审计域秩序的影响,不一定与他们对审计制度安排的影响一致,它取决于审计制度安排的主体与程序。由于这是一个比较复杂的过程,本文不考虑该问题。

⑤ 有关这些因素对利益相关者权力的影响,可参考吴联生(2001)。

⑥ 有关参与指数的详细分析,可参考《中国投资者动机和预期调查数据分析》联合课题组(2002)。

⑦ 有关纳什均衡的详细分析,请参考张维迎(1996)。

实现的。

可见,审计制度安排的过程,实质上是利益相关者利益冲突与协调的过程。作为现存的审计制度,它实际上是以利益相关者在某一时点的利益冲突与协调的结果为基础的。随着时间的变化,利益相关者的投资指数不断发生变化,审计域秩序也会随之发生变化,而以审计域秩序为基础的审计制度安排也随之不断发生变化,即审计制度安排变迁的重要原因在于利益相关者的共同选择发生了变化。当然,利益相关者共同选择的变化只是审计制度变迁的一个重要原因,纠正审计制度本身与审计域秩序之间的偏差,也是审计制度安排变迁的一个原因,但审计制度安排的根本依据仍然在于利益相关者的共同选择,即审计域秩序。由此,我们认为,审计既是利益相关者利益协调的机制,也是利益相关者利益协调的结果;审计制度安排是一个利益相关者利益协调的过程,它因利益相关者的利益关系的变化而变化。

三、"利益协调论"对现行审计制度安排的总体解释

上文已经分析到,利益相关者为了追求绝对利益和相对利益,必然会进行合作投资,从而形成企业。由于非人力资源与其原来的所有者是可以相互分离的,而人力资源与其原来的所有者是不可分离的,这便决定是人力资源所有者而不是非人力资源所有者对企业进行具体的经营管理。根据企业最优所有权安排(张维迎,1995),生产者接受经营者的监督并获得固定的合同报酬,而经营者监督生产者并享有剩余索取权。可见,虽然人力资源所有者经营管理企业,但真正经营管理企业的是经营者,而不是生产者。经营者在经营管理企业的过程中,时刻存在着使自己受益从而使其他利益相关者受损的动机。显然,其他利益相关者也明白这一点,即经营者在没有监督的情况下将会采取使自己受益而使其他利益相关者受损的行为,是所有利益相关者的共同知识。[①] 如果想要取得合作投资的成功,其他利益相关者必然会拥有监督经营者的权力。[②] 至于监督权的行使,它在不同合作投资的情形下会存在差异。如果企业除了经营者以外,只有一

[①] 关于共同知识(common konwledge)的解释与正式定义,可参见奥曼(Aumann, 1976)。
[②] 否则,投资无法取得合作,企业也就不可能成立。

个其他利益相关者,那么,监督所带来的收益则全部由这个惟一的其他利益相关者享有,相应的成本也全部由他自己承担,因而他必定会按照成本与收益之间的关系,作出如何对企业经营者进行监督的决策。但是,很多企业的其他利益相关者并非只有一个,而是有很多。这样,如果某一个其他利益相关者对经营者进行监督,那么,监督成本由他自己承担,而由此带来的收益则由其他利益相关者全体共同享用。因而,任何一个其他利益相关者都没有动力去监督经营者,而是希望别人去监督经营者,同时给他自己带来收益,即其他利益相关者在监督经营者方面存在"搭便车"的倾向。另外,如果他们都参与对经营者的监督,它实际上是一项对每一位其他利益相关者来说都是高成本的制度安排,况且,绝大多数其他利益相关者还不具备直接对企业经营者进行监督的知识和能力。正是由于这个原因,其他利益相关者只有通过合作才能取得更大的利益,这样,他们通过合作博弈将监督权委托给第三方,以降低每一位其他利益相关者的成本。

其他利益相关者应该把监督权委托给怎样的第三方,显然是一个与他们利益紧密相关的重大问题。当然,如果所选择的第三方仅仅代表部分的其他利益相关者,则这种监督只能代表这部分的其他利益相关者的利益,其余的其他利益相关者的利益就不一定能够得到保护,甚至会遭受损失。因此,其他利益相关者所选择的第三方,他应该在一定程度上能够代表所有的其他利益相关者。按照这个标准,只有政府才有可能成为代表其他利益相关者的第三方。若要理解这一点,我们首先必须要明确什么是政府?说得更准确些,应当如何构想政府?从国际法意义的角度来看,政府指的是某一国家的合法代表者,它是国际法主体主权国家的代理者;而从国内法角度来看,政府一般指的是行政机关,如所谓英国政府;而从政治学意义的角度来看,政府指的是统治集团借以实现其统治意志的政治统治机关,它是国家实体的一部分,即核心部分,它自然也是政治组织的组成部分(李景鹏,1995)。不同学科从不同的角度来理解政府,自然会有所不同,但它们都认为政府是一个有机的整体,它有其独立的存在状态、价值模式和动机,不以声称有成员资格的个体的人们的存在状态、价值模式和动机为转移(布坎南、塔洛克,2000)。如果也以这种观点来理解处于经济领域的政府,则有其固有的缺陷。实际上,政府是一种集体的形式。如果把集体看成为一个个体,显然过于简单化,也解决不了问题。新古典经济学就将企业理解成为一个有机的整体,它是一个对市场做出反映的"黑箱",但这种理解不能很好地解释企业的行为;实际上,企业行为是在构成企业的个体之利益关系的冲突与协调之下所形成的,因此才产生了现代企业理论——企业契约理论。同样,如果把政府理解为一个有机的整体,显然也是简化了构成政府的个体利益关系,而这种利益关系恰恰是理解政府行为的基础。应该说,政府是由个体所构成的一个集体,政府的行为是构成政府的个体利益冲突与协调的结果。因此,政府是某种由人构建的东西,是一种人造之物。[①] 集体行动是个体在选择集体地而非个体地实现目标时的行动,政府就是允许这样的集体行动发生的诸过程之集合而已(布坎南、塔洛克,2000)。[②] 因此,不存在某种超个人的政府,政府都是由个人构成的。

集体是个人组成的集体,不同的集体由于其合作广度的不同,代表了不同范围之个人的利益,即集体范围决定了该集体所代表的利益。当然,这种利益是构成集体的个人相互冲突与协调的结果。如投资者协会代表的是广大投资者的利益,经理协会则代表的是经理的利益,而工会代表的是职工的利益。政府是全体社会成员的组合形式,在所有的集体中具有最大的合作广度(唐寿宁,1999),它不仅代表着企业现有的利益相关者,也代表着潜在的利益相关者,也就是说,政府最大程度地代表全体社会成员的利益。利益相关者选择能够代表他们的第三方,而利益相关者实际上已经涉及到全体的社会成员。尽管社会公众与不同企业的利益相关程度是各不相同的,但这种利益关系总是存在的。因此,利益相关者选择的第三者必然是代表全体社会成员的政府,因为任何合作广度低于政府的集体,其代表全体社会成员利益的程度都低于政府。政府之所以能够代表利益相关者对企业经营者进行监督,它实际上也是全体社会成员的选择结果。政府若要能够持续地受到社会公众的委托,必须能够执行符合社会公众要求的高质量审计,并且这种高质量审计能够被社会公众所认识和认可。审计体制安排、审计准则制定以及审计人员构成等,既是高质量审计的根本保障,也是社会公众认可政府审计质量的重要依据。[③] 因此,这些权力虽然是由政府所享有的,但它在具体的安排中,应该最大可能地体现出社会公众的公共选择。[④]

---

① 参考布坎南和塔洛克对国家的论述,参见布坎南、塔洛克(2000)。
② 显然,这种定义下的"政府",它指的是包括行政机关、立法机关和司法机关在内的所有权力机关。
③ 这要求审计体制安排、审计准则制定以及审计人员构成等应具有透信功能,否则社会公众无法认识或认可政府审计的质量。
④ 由于篇幅所限,本文不具体论述这些问题,将在另外的文章中予以详细论述。

可见,政府审计应该被理解为能够代表包括所有社会公众在内的利益相关者对企业经营者进行的监督。那么,为什么现实中还存在注册会计师审计呢?我们认为,注册会计师审计的存在,并不说明注册会计师行业作为一个集体,其合作广度已经大到能够代表全体社会成员的程度;相反,政府仍然是惟一能够代表社会公众利益的集体,注册会计师之所以能够对上市公司进行审计,其根本原因在于政府把这种监督权委托给注册会计师,政府通过监督注册会计师而达到监督企业经营者的目的。之所以发生这种监督权的委托,其决定因素在于政府的有限规模。

从理论上讲,政府工作人员规模的上限可以是全体可工作的人口,下限可以是 1 个人;政府工作机构的上限可以是一个政府工作人员一个机构,下限则可以是一个机构;政府总支出的上限可以是所有的国民收入,下限则可以是维护 1 个工作人员、1 个政府机构所需要的支出;而从公务角度来看,政府可以囊括所有人的事务,也可以管极少的事情,或者干脆就是无为而治(毛寿龙、李梅,2000)。可见,政府规模的理论空间是非常大的,但它并不是确定政府规模的恰当标准。实际上,政府规模的确定服从于政府职能的需要。而政府职能理论及其实践也处于不断的发展变化之中。19 世纪,"小政府"理论受到了普遍认可,即认为政府与公民个人的关系只涉及政府利用公共资源来提供重要的公益物品,以提高个人的生产率,比如提供国防等公共物品以保证个人生命和财产的安全,使公民获得足够的教育等。但事实上,当时的市场经济国家的政府之作用超过了最低限度政府的框架。在 1917 年俄国计划经济国家的建立,以及 20 世纪 30 年代所有市场经济国家的经济面临崩溃的厄运等因素的作用下,世界各国的政府规模都大大地扩张了,尤其是计划经济国家的政府,它几乎无所不包,并因此获得"全能国家"的称号(毛寿龙、李梅,2000)。目前,虽然有些学者肯定了较大规模政府的作用,如罗宾斯(Rubinson)认为,发展中国家保持较大规模的政府,可以通过摆脱对别国的依赖来促进本国经济的增长。但能够被普遍接受的观点还是:政府规模过大,对经济活动干预过多,经济组织就会缺乏活力,整个经济就会丧失活力。目前,世界各国面临的共同问题都是政府规模过大,需要精简政府,实行精兵简政,如美国克林顿政府曾以裁减人员作为缩小政府规模的标准,至 1997 年精简了 28 万人,从而实现了 1993 年改革方案的目标(毛寿龙、李梅,2000)。我们认为,政府适度规模的论点是比较合理的,因为政府规模不可能无限制地扩大,它总是存在一个适度规模。而这个适度规模的确定,"归根到底依然是一个社会选择的问题"(世界银行,1996),因为政府的支出最终是通过税收等方式而由全体社会成员来承担,政府规模越大,个人承担的成本就越高,因此,社会成员在选择政府规模时共同遵循的原则就是政府规模的边际收益等于边际成本。

代表包括所有社会公众在内的利益相关者对企业经营者进行的审计监督,它实际上已经成为一种公共物品,从合作广度的角度来看,它应该由政府来执行。另外,所有的政府职能理论都认为公共物品的提供应该由政府来提供,甚至"小政府"理论也如此认为。但是,正如上文所分析的那样,在社会成员的共同选择下,政府规模存在着一个适度的限度,其根本依据在于政府规模边际收益等于边际成本。政府之所以将部分审计监督权委托给注册会计师,也正是适度规模的限制,是权衡边际收益与边际成本的结果。事实上,我国政府审计不仅把上市公司的审计监督权委托给注册会计师,而且已经把部分国有企业的审计监督权也委托给了注册会计师。可见,注册会计师对企业经营者的审计,事实上接受的不是社会公众的委托,更不是股东或经营者的委托,而是政府的委托。政府之所以有权进行委托,是由其合作广度所决定的;而政府之所以应该进行委托,则是由其有限规模所决定的。而政府为了能够保证注册会计师的审计质量,必须对注册会计师进行管理和监督,而认定注册会计师职业资格、制定审计准则和对注册会计师进行责任约束,则是政府对注册会计师进行管理和监督的重要措施。①

政府审计和注册会计师审计所涉及到的利益相关者几乎都是社会全体成员,但内部审计所涉及到的利益相关者的范围要狭窄的多。上文已经指出,经营者负责企业具体的经营管理,并监督生产者的生产。然而,经营者不可能对所有的生产者的行为进行监督,或者说他也不可能具备相应的所有知识,因此,他将对企业生产者的监督权委托给内部审计,而他则通过对内部审计的监督达到监督企业生产者的目的。经营者之所以对生产者进行监督,其首要目的就是完成利益相关者达成的契约,它就是利益相关者利益冲突与协调的结果。因此,虽然与内部审计直接相关的利益相关者是企业经营者,但利益相关者利益冲突与协调的结果所要求经营者承担的经营管理的责任,直接决定着内部审计的工作范围、工作强度与工作标准等。因此,决定内部审计的深层次因素还是利益相关者的利益冲突与协调。

---

① 由于篇幅所限,本文不具体论述这些问题,将在另外的文章中予以详细分析。

四、简要结论

利益相关者为了追求绝对利益和相对利益，必然会进行合作投资，从而形成企业。在合作投资形成的过程中，利益相关者对会计规则和审计制度安排进行互动性地选择。会计域秩序和审计域秩序是利益相关者依据各自的投资指数向量所进行博弈的纳什均衡，而会计规则和审计制度形成就是分别以会计域秩序和审计域秩序为基础的。因此，审计制度安排的过程，实质上是利益相关者利益冲突与协调的过程。作为现存的审计制度，它实际上是以利益相关者在某一时点的利益冲突与协调的结果为基础的。由于经营者具体经营管理企业，并始终存在使自己受益而使其他利益相关者受损的动机，因此，其他利益相关者必然拥有监督经营者的权力。从成本效益的角度考虑，没有任何一个其他利益相关者会主动监督经营者，所有的其他利益相关者也不会同时参与对经营者的监督。因此，其他利益相关者之间就需要进行合作。由于政府是合作广度最大的集体，只有政府才能够代表社会公众对经营者进行审计监督，这便是政府审计存在的根本原因。但是，政府受到有限规模的限制，它不可能对所有的经营者都进行直接的审计，而可以选择的替代程序就是将部分监督权委托给注册会计师，然后通过监督注册会计师达到监督具体事项的目的，这便是注册会计师职业存在的理论基础。内部审计则是代表经营者对生产者进行的监督，利益相关者的利益冲突与协调是决定内部审计的深层次因素。

参考文献

布坎南、塔洛克，2000，《同意的计算——立宪民主的逻辑基础》，中国社会科学出版社。
哈耶克，2000，《经济、科学与政治》，冯克利译，江苏人民出版社。
李景鹏，1995，《权力政治学》，黑龙江教育出版社。
毛寿龙、李梅，2000，《有限政府的经济分析》，上海三联书店。
世界银行，1996，《1996年世界银行发展报告：从计划到市场》，中国财政经济出版社。
唐寿宁，1998a，"投资活动中的秩序"，《中国社会科学季刊》秋季号。
唐寿宁，1998b，"两种投资秩序及其碰撞"，《经济研究》，12：69—77。
唐寿宁，1999，《个人选择与投资秩序》，中国社会科学出版社。
王光远，1996，《管理审计理论》，中国人民大学出版社。
吴联生，2001，《上市公司会计信息披露制度：理论与证据》，厦门大学博士后研究报告。

吴联生,2002,"会计域秩序与会计信息规则性失真",《经济研究》,4:68—75。

杨时展,1990,"审计的基本概念",《财会探索》第 2 期。

伊尻雄治,1989,《三式记账法的结构和原理》,娄尔行译,立信会计图书用品社。

张维迎,1995,《企业的企业家——契约理论》,上海人民出版社,上海三联书店。

张维迎,1996,《博弈论与信息经济学》,上海人民出版社,上海三联书店。

《中国投资者动机和预期调查数据分析》联合课题组,2002,"参与、不确定性与投资秩序的生成和演化",《经济研究》,2:80—90。

Aumann, R., 1974, Subjectivity and Correlation in Randomized Strategies, *Journal of Mathematical Econiomics*, 1(1):67—96.

Knight, Frank, 1921, Risk, Uncertainty and Profit, New York.

Mitchell, R. K., A. R. Agle and J. Wood, 1997, Toward a Theory of Stakeholder Identification and Salience: Defining the Principle of Who and What Really Counts, *Academy of Management Review*, 22(4):853—886.